[illegible] DÉMOCRATIQUE

LÉON RICHER

LE LIVRE DES FEMMES

PARIS

LE

LIVRE DES FEMMES

LÉON RICHER

Léon Richer est aujourd'hui, en France, le représentant pour ainsi dire officiel de l'émancipation civile des femmes.

Né en 1824, dans le département de l'Orne, il publia ses premières études de philosophie religieuse dans l'*Alliance religieuse universelle*, puis dans la *Libre Conscience*, revues dirigées par Henri Carle.

De 1866 à 1868, dans l'*Opinion nationale*, parurent ses *Lettres d'un libre-penseur à un curé de village*, articles dont le succès fut très-grand, et qui, réunis et refondus, forment deux volumes.

Vint ensuite, dans le même ordre d'idées, une série de brochures pamphlétaires : *le Tocsin*, *Alerte! les Propos d'un mécréant*. L'ultramontanisme, blessé au vif, riposta par les plus violentes attaques contre l'audacieux auteur.

Il fut aussi l'organisateur et le directeur des *Conférences du Grand-Orient*, dans la salle de la rue Cadet, où lui-même il prit plusieurs fois la parole.

Nous n'avions pas à Paris de journal spécial pour l'étude des problèmes relatifs à la condition des femmes. Léon Richer avait toujours poursuivi cette création. En 1869, après mille efforts, parut le *Droit des femmes*, qui maintenant sous ce titre : *l'Avenir des femmes*, et toujours sous la direction de notre collaborateur, infatigable, énergique, convaincu, a conquis une place des plus honorables dans la presse française, recrute des adhérents dans les deux mondes, et chaque jour, en un mot, rend de nouveaux services à la cause des femmes.

Dans le grand mouvement qui se produit en Suisse, en Angleterre, en Amérique, en faveur de l'émancipation des femmes, la France ne peut pas rester en arrière. Ainsi pensons-nous avec Léon Richer, ainsi penseront sans doute nos lecteurs avec les écrivains illustres dont Léon Richer invoque ici le témoignage et l'autorité.

VICTOR POUPIN.

INTRODUCTION

On a soulevé, — et l'on discute depuis quelques années en France, — la grave question de savoir si la femme est l'égale de l'homme.

Dire que l'homme et la femme sont égaux dans le sens absolu du mot, ce serait aller bien loin ; il n'y a pas plus égalité *rigoureuse* entre l'homme et la femme qu'il n'y a égalité parfaite entre tous les hommes.

L'égalité parfaite s'appellerait *iden-*

tité : — or, l'identité n'existe nulle part.

Le vrai mot, — le seul que pour notre part nous consentions à employer, — c'est le mot *équivalence.*

L'homme et la femme sont équivalents.

En ce sens on peut les dire *égaux :* — c'est l'égalité dans la dissemblance.

Chacun d'eux, en effet, dans le milieu social comme dans la famille, se trouve en présence de devoirs particuliers à remplir, de fonctions spéciales à exercer ; mais, pour être distincts, ces fonctions et ces devoirs n'en sont pas moins élevés d'un côté que de l'autre, pas moins utiles, pas moins nécessaires.

Enfanter vaut bien aller se battre.

Il faut donc que ceux qui liront ce petit livre demeurent bien convaincus que, lorsqu'on parle d'affranchir la femme, il ne s'agit nullement de la faire sortir de son rôle d'épouse et de mère, de l'arracher aux obligations spéciales de son sexe pour l'assimiler sottement à l'homme.

Non, la femme doit rester femme.

Mais en tant que femme, — *quoique* femme, si l'on aime mieux, — nous soutenons qu'elle a des droits.

Elle a des droits, parce qu'elle est personne humaine!

Elle a des droits, parce qu'elle est responsable. — Il n'y a pas de responsabilité réelle sans liberté.

Ajoutons que la femme est une intelligence, une conscience, une raison;

dès lors, elle a droit comme nous, au même titre que nous, au complet développement de ses aptitudes, au libre jeu de ses forces, à l'entier exercice de ses facultés.

Ces vérités ont été longtemps méconnues.

Pendant des siècles, on s'est figuré que la femme, étant physiquement plus faible que nous, devait nous être inférieure en intelligence et en raison.

Mais, au fur et à mesure que la civilisation élevait la femme, les faits condamnaient la théorie.

Aujourd'hui, la vérité se dégage.

Dans ces circonstances, il nous a paru intéressant de rassembler quelques extraits empruntés aux écrivains, —philosophes, penseurs, moralistes,—

qui, depuis Platon jusqu'à nos jours, ont affirmé la valeur morale de la femme.

Naturellement les femmes auteurs, dans un travail de ce genre, ne devaient pas être oubliées. Une très-large part leur a été faite, et ce n'était que justice.

Elles prouvent leurs facultés intellectuelles par leurs œuvres,—ce qui est la meilleure manière de convaincre les incrédules.

LÉON RICHER.

LE

LIVRE DES FEMMES

I

Les hommes de ce temps-ci ne connaissent que deux sortes de femmes : la femme de joie et la femme de peine.

L'une qui les amuse après boire, l'autre qui leur apprête à manger.

Si, par impossible, l'un d'entre eux venait à rencontrer une compagne véritable, une femme selon Dieu, selon l'amour et la liberté, qu'en ferait-il ?

Daniel Stern.

N'est-ce pas une chose étrange, quand l'humanité ne cesse d'agiter tour à tour les grands et même les petits problèmes, que le plus grand de tous, celui qui nous touche de plus près et nous importe le plus, le problème de la situation faite aux femmes par nos lois et par nos mœurs, ramené sans cesse dans les œuvres d'imagination, occupe si rarement les politiques et les philosophes?

Jules SIMON.

Sur cent hommes, vous en trouverez deux spirituels; sur cent femmes, vous en trouverez une bête. Voilà la proportion.

Mme de GIRARDIN.

Les femmes sont supérieures aux hommes dans les vertus douces et domestiques; elles savent, comme les hommes, aimer la liberté, quoiqu'elles n'en partagent pas les avantages; et, dans la République, on les a vues souvent se sacrifier pour elle: elles ont montré les vertus du citoyen toutes les fois que le hasard ou les troubles civils les ont menées sur une scène dont l'orgueil et la tyrannie des hommes les ont écartées chez tous les peuples.

CONDORCET.

Les femmes ne sont pas conduites, il est vrai, par la raison des hommes, mais elles le sont par la leur.

CONDORCET.

Les femmes sont capables de tout ce que nous faisons, et la seule différence qui est entre elles et nous, c'est qu'elles sont plus aimables.

VOLTAIRE.

Une chose surprenante, c'est que les femmes se soient toujours montrées supérieures aux hommes quand elles ont pu développer sur le trône leurs moyens naturels, dont le diadème leur assure le libre usage.

N'est-il pas notoire que sur huit femmes libres et sans époux, il en est sept qui ont régné avec gloire, tandis que sur huit rois, on compte habituellement sept souverains faibles.

En signalant ces femmes qui ont pu prendre leur essor depuis les Marie-Thérèse, les Catherine, etc., etc., jusqu'à celles de nuance plus radoucie, comme les Ninon et les Sévigné, je suis fondé à dire que la femme en état de liberté surpassera l'homme dans toutes les fonctions d'esprit ou de corps qui ne sont pas l'attribut de la force physique.

Déjà l'homme semble le pressentir, il s'indigne et s'alarme lorsque les femmes démentent le préjugé qui les accuse d'infériorité. La jalousie masculine a surtout éclaté contre les femmes *auteurs* ; la philosophie les a écartées des honneurs académiques, et renvoyées ignominieusement au ménage.

Ch. Fourier.

Les hommes appellent défauts chez les femmes, toutes les qualités qu'ils n'ont pas eux-mêmes.

Mme Cécile G. N.....

On remarquera que les belles actions auxquelles nous accordons les récompenses léguées par M. de Monthyon sont principalement l'œuvre des femmes, et que ce sont des noms de femmes et des noms de pauvres qui s'ajoutent sans cesse à ce livre d'or de la charité.

La raison en est bien simple, c'est que la bonté est plus fréquente chez les femmes et plus méritoire chez les pauvres.....

Dans cette œuvre de dévouement, les femmes sont toujours les premières ; elles ne veulent pas sans doute qu'on oublie qu'elles ne sont pas nées seulement pour augmenter ici-bas le charme des heures heureuses, mais encore et surtout pour alléger notre fardeau dans les jours d'épreuve.

Elles nous sont supérieures en ce point que l'impression que leur laisse la vue de la souffrance est à la fois plus vive que la nôtre et plus durable, et par conséquent plus féconde en bonnes actions.

On a dit avec plus d'esprit que de vérité, en faisant allusion aux désordres que les passions produisent dans le monde, que dans toute affaire où le mobile d'un méfait ne se découvre pas tout d'abord, il faut demander où est la femme.

Messieurs, mieux instruits que bien d'autres par l'expérience de ces concours, nous avons pleinement le droit de retourner ici cette injuste parole : c'est lorsque nous remarquons une persévérance lalorieuse dans le bienfait, une patience invincible, un art ingénieux à tirer beaucoup de peu ou même quelque chose de rien, une noble témérité à s'engager dans le bien en comptant sur le secours d'en haut, cette délicatesse et cette douceur légère que la main de l'homme ne saurait avoir, c'est alors que la question proverbiale : « Où est la femme? » nous vient aux lèvres, non plus avec le sens moqueur que le vulgaire lui donne, mais avec une émotion profonde et avec une admiration respectueuse pour ce trésor infini de charité que recèle le cœur des femmes.

PRÉVOST-PARADOL.

Vivre pour les autres, c'est l'âme même de la femme, si on savait la comprendre ! Elle vit pour les autres, même dans ses heures d'égoïsme.

Caroline DE BARBAU.

On a dit que les femmes, quoique meilleures que les hommes, plus douces, plus sensibles, moins sujettes aux vices qui tiennent à l'égoïsme et à la dureté du cœur, n'avaient pas proprement le sentiment de la justice; qu'elles obéissaient plutôt à leur sentiment qu'à leur conscience.

Cette observation ne prouve rien : ce n'est pas la nature, c'est l'éducation, c'est l'existence sociale qui cause cette différence. Ni l'une ni l'autre n'ont accoutumé les femmes à l'idée de ce qui est juste, mais à celle de ce qui est honnête.

CONDORCET.

Les femmes valent mieux que les hommes; elles sont plus portées à se dévouer au bonheur d'autrui.

Mme DE PUISIEUX.

A qui donc est due la prospérité de la plupart des maisons de commerce? Aux femmes. Par qui se soutiennent et prospèrent les maisons d'éducation, les fermes et certaines manufactures? Par les femmes. Qui, dans les familles, répare souvent, à force d'ordre, d'économie et de surveillance, les désordres du mari? Les femmes. Pourquoi la loi ne donne-t-elle pas place dans l'administration des biens à ces qualités?

E. Legouvé.

On accorde tous les talents aux femmes, hors celui d'inventer; mais cette opinion me paraît très-incertaine.

Si l'on compare le nombre des femmes qui ont reçu une éducation soignée et suivie à celui des hommes qui ont reçu le même avantage, ou qu'on examine le très-petit nombre d'hommes de génie qui se sont formés d'eux-mêmes, on verra que l'observation constante alléguée en faveur de cette opinion ne peut être regardée comme une preuve.

De plus, l'esprit de contrainte où les opinions relatives aux mœurs tiennent l'âme et l'esprit des femmes presque dès leur enfance, et surtout depuis le moment où le génie commence à se développer, doit nuire à ses progrès dans presque tous les genres.

CONDORCET.

C'est à l'éducation vicieuse que reçoit la femme qu'il convient d'attribuer sa triste position.

Elle est esclave par la volonté de la loi d'abord, mais surtout par l'impossibilité dans laquelle elle se trouve de pourvoir à ses besoins par son travail.

C'est cette raison, plus que toute autre, qui lui enlève sa liberté et la met sous la dépendance de l'homme.

Amédée LE FAURE.

La femme n'est jamais admise à faire la loi imposée à son sexe; pour justifier cette exclusion, on allègue précisément l'absence de la culture intellectuelle qu'on lui refuse, on fait abstraction de son intelligence pour ne s'occuper que de son devoir, et on prétend lui inculquer ce devoir sans lui avoir fourni les moyens de se tracer à elle-même la règle qu'elle doit suivre.

Caroline de Barrau.

Quand on parle d'affranchir les jeunes filles, on a pour alliés tous les pères; quand on parle d'améliorer le sort des femmes, on a pour adversaires tous les maris.

E. Legouvé.

Émanciper la femme, ce n'est pas lui reconnaître le droit d'user et d'abuser de l'amour.

Cette émancipation-là n'est que l'esclavage des passions; l'exploitation de la beauté et de la jeunesse de la femme par l'homme; l'exploitation de l'homme par la femme pour sa fortune ou son crédit.

Émanciper la femme, c'est la reconnaître et la déclarer libre, l'égale de l'homme devant la loi sociale et morale et devant le travail.

Mme Jenny P. d'Héricourt.

Je sais bien que beaucoup de femmes se trouvent heureuses, très-heureuses, et que les plaintes ou réclamations qu'elles entendent leur paraissent exagérées et inopportunes.

C'est que ces femmes jugent la question à un point de vue tout personnel ; c'est qu'elles n'ont jamais eu à combattre l'adversité, à démêler avec les lois ou à agir isolément, vouées à leurs propres forces; c'est qu'elles n'ont pas regardé autour d'elles pour se rendre compte des causes premières de la plupart des malheurs qui assiégent la société ; c'est qu'elles ont toujours détourné les yeux de la plaie hideuse et terrible de la prostitution, sans remonter à la source du mal.

Il est facile, en effet, à une femme riche, aimée, entourée de soins, de dévouement et de plaisir de dire : « A quoi bon des droits ? La femme a assez de liberté, le monde va bien tel qu'il est. »

Mais que cette femme éprouve un revers de fortune, ou qu'elle perde le père, le mari, le fils, dont la sollicitude avait écarté d'elle tous les soucis, alors seulement elle comprendra ce qu'est actuellement la vie pour une femme livrée à ses seules ressources. Elle verra alors et comprendra les misères intellectuelles et morales de beaucoup de femmes et celles de la société qui souffre solidairement des fautes de ses membres.

Mme Marie Goegg.

II

En thèse générale, les progrès sociaux et changements de période s'opèrent en raison du progrès des femmes vers la liberté, et les décadences d'ordre social s'opèrent en raison du décroissement de la liberté des femmes.

Ch. Fourier.

Le progrès, selon moi, a pour condition essentielle et pour point de départ la répudiation absolue du principe qui consacre l'infériorité juridique et sociale de la femme, et l'avénement, à sa place, du principe moral et humain de l'égale dignité, de l'égal respect et de l'égal devoir des époux.

J. C. Colfavru.

Nul changement ne s'est accompli dans la condition particulière de la femme, sans réagir aussitôt sur la constitution de la société tout entière.

Partout où l'homme a dégradé la femme, il s'est dégradé lui-même; partout où il a méconnu les droits de la femme, il a perdu lui-même ses propres droits.

Ainsi, dans les pays où la femme est traitée en esclave, l'homme a perdu le sentiment et jusqu'à la notion de la liberté. On le voit par les pays d'Orient, où règne la polygamie, et qui sont, comme dit Montesquieu, la vraie patrie du despotisme : la femme y appartient à l'homme, mais l'homme, à son tour, appartient au despote. Tyran dans son sérail, il est esclave partout ailleurs.

Partout, au contraire, où les constitutions ont assuré à la femme la liberté, la capacité, la dignité morale, on a vu fleurir, comme sur un sol propice, les vertus domestiques et les vertus civiques, les libertés de l'homme privé et les libertés du citoyen.

GIDE.

Il n'y a jamais eu de sociétés libres sans mœurs, et c'est la femme qui fait les mœurs. Tout ce qui influe sur la condition des femmes, sur leurs habitudes et leurs opinions, a donc un grand intérêt politique à nos yeux.

DE TOCQUEVILLE.

L'homme naît de la femme. Donc tout ce qui profitera à la femme sera profitable à l'homme.

Émile de GIRARDIN.

Des femmes libres sauveraient les empires; des femmes esclaves les conduisent à leur ruine par la pente irrésistible de la corruption et du déshonneur.

Mme GATTI DE GAMOND.

La femme n'est pas uniquement destinée au rôle passif d'abnégation et d'obéissance que lui assigne l'interprétation romaine de l'Évangile. La mission de la femme est d'*inspirer* l'homme, d'élever son âme au-dessus des vaines opinions du monde, de l'obliger par la constance de ses efforts, à se rendre capable de grandes choses.

Flora TRISTAN.

Plus la condition de la femme s'élève, plus la puissance de la famille se complète, s'épure. Affranchir l'une, c'est affermir l'autre.

E. LEGOUVÉ.

Au premier coup d'œil, il semble que, dans la société, l'homme fasse tout et la femme rien.

L'homme sème du blé, plante des vignes, bâtit des maisons, tire des coups de canon, fait des gouvernements et les défait quelquefois, crée des religions et les dissout par la critique pour en créer de nouvelles, invente la boussole, l'imprimerie, la vapeur, le métier Jacquart, le ballon et le télégraphe électrique, quand le bon Dieu l'inspire; invente les bûchers, les gibets, la guillotine, la prison cellulaire, l'Inquisition et la raison d'État, les carabines à longue portée, les vaisseaux cuirassés, quand le diable l'y pousse; l'homme écrit l'*Iliade* et la *Légende des siècles*; il fait des systèmes sur lui-même, sur le monde et sur Dieu, et compte les satellites de Jupiter et les anneaux de Saturne.

Et la femme, que fait-elle? Elle fait l'homme.

J. Labbé.

On commence à comprendre que c'est folie de prétendre réformer le monde en laissant en dehors de la réforme la moitié du genre humain.

J. Labbé.

La femme fait l'homme; elle le fait doublement. Comme mère, elle fait l'enfant. Comme beauté, elle fait la société.

Elle est deux fois éducatrice. L'homme subit, dans le cours de son développement moral, une double influence féminine, celle de la mère d'abord, et plus tard celle de la femme qu'il aime.

Il en résulte que, pour connaître le degré de civilisation d'un peuple à une époque quelconque, il suffit de savoir quelle était alors la condition sociale de la femme.

J. Labbé.

La femme assujettie à l'homme dégrade l'homme peu à peu, et par le même fait se dégrade elle-même.

Tous les vices de l'un correspondent à ceux de l'autre; si l'homme n'était pas puéril et vaniteux, la femme coquette n'existerait plus, et ainsi du reste.

Mme Léonie Rouzade.

Notre société est si sagement organisée, qu'elle laisse toute l'action et l'influence à la femme de mauvaises mœurs, et aucune à la femme de bien.

Maria Deraismes.

Qu'une femme monte sur les tréteaux, qu'elle démoralise, qu'elle déprave, qu'elle corrompe le public par sa tenue, ses gestes, ses propos, elle recueille des encouragements, des applaudissements; on lui fera des ovations, de tous les coins de l'univers on viendra pour l'entendre; mais qu'une femme monte sur une estrade pour parler morale et vertu, toutes les railleries se tournent contre elle.

Maria DERAISMES.

Il n'y aura de loi et de morale définitives qu'alors que la femme aura parlé.

ENFANTIN.

Les femmes portent l'avenir de la société dans leur sein. Jamais il n'y aura de progrès social que ceux qui leur seront dus.

Émile DE GIRARDIN.

Élever une fille, c'est élever la société elle-même.

J. MICHELET.

La société dépend des femmes. Tous les peuples qui ont le malheur de les enfermer sont insociables.

VOLTAIRE.

L'expérience nous apprend que chaque pas dans la voie du progrès a été invariablement accompagné d'une élévation d'un degré dans la position sociale des femmes; ce qui a conduit des historiens et des philosophes à prendre l'élévation ou l'abaissement des femmes pour le plus sûr et le meilleur critérium, pour la mesure la plus commode de la civilisation d'un peuple, d'un siècle.

STUART-MILL.

De la culture de l'esprit des femmes dépend la sagesse des hommes.

SHERIDAN.

Règle générale, à laquelle du moins je n'ai guère vu d'exceptions : les hommes supérieurs sont tous *les fils de leur mère*; ils en reproduisent l'empreinte morale aussi bien que les traits.

MICHELET.

Qu'on sache bien qu'une société qui ne s'occupe point de l'éducation des femmes et qui n'en est pas maîtresse, est une société perdue.

J. MICHELET.

Sur les femmes, nous avons déclaré qu'il faudrait mettre leur nature en harmonie avec celle des hommes dont elles ne diffèrent guère.

PLATON.

Le sort de la société française est entre les mains des femmes. Leur ignorance frivole qu'on encourage et qu'on feint de trouver charmante, est la principale cause de notre décadence.

Alfred ASSOLANT.

III

Je trouve curieux d'entendre chaque jour des hommes, des citoyens, réclamer bruyamment toutes les immunités, toutes les franchises, et retenir en même temps dans une humiliante tutelle des êtres qui, moralement, leur sont égaux, quand ils ne leur sont pas supérieurs.

Ces hommes ne comprennent pas qu'eux-mêmes sont les premières victimes de ce faux calcul, que la justice est le seul fondement de la vraie liberté, et que, par un enchaînement inévitable, ils resteront victimes des despotes placés au-dessus d'eux, aussi longtemps qu'ils consentiront de leur côté à se faire tyrans des êtres placés sous leur dépendance.

Les hommes, j'en suis convaincue, n'obtiendront les libertés entières qu'ils réclament, et ils n'en seront dignes que lorsqu'ils auront préalablement mis la femme en possession des droits qui lui appartiennent en commun avec le genre humain. Qu'ils sachent bien que c'est par la justice seulement qu'ils conquerront la liberté. Ce sentiment de justice n'est pas encore dans leur âme à l'état de parfaite maturité. Les franches discussions de la presse l'y amèneront, grâce à l'élan de quelques esprits dévoués.

Gabrielle B....

Si toute femme forçait les hommes de son entourage à respecter ses droits humains, on verrait bientôt la fin de l'esclavage des femmes.

Malheureusement les sottes et indignes maximes d'abnégation qu'on nous a inculquées à nous autres Françaises, l'ignorance où on nous laisse systématiquement, persuadent aux hommes que l'œuvre d'abaissement qu'ils ont accomplie en nous est celle de la nature.

Mme Jenny P. d'Héricourt.

La femme est une personne, partant de là une force, une liberté. Comprimée d'un côté, elle rejaillit de l'autre; lui interdit-on la droite voie, elle prend le chemin de traverse; c'est une force déviée, à rebours; elle pouvait être favorable, elle devient pernicieuse. Sur cette pente illégale, elle trouve des encouragements, des complices.

Maria Deraismes.

Vouloir borner les femmes au gouvernement matériel de leur maison, ne les instruire que pour cela, c'est oublier que de la maison de chaque citoyen sortent les erreurs et les préjugés qui gouvernent le monde.

Aimé Martin.

La femme est le crime de l'homme. Elle est sa victime depuis la sortie de l'Éden. Elle porte encore dans sa chair la trace de six mille ans d'injustice.

Eugène PELLETAN.

L'avenir n'aura vaincu le passé que le jour où il aura mis la femme de son côté. Jusque-là il ne mérite pas la victoire.

Eugène PELLETAN.

La femme porte témoignage pour ou contre l'homme. S'il est sauvage et grossier, elle est laide et triste; s'il est rude et sensuel, elle est rusée et vicieuse; s'il est sans cœur et sans idéal, elle est légère, corrompue ou folle. La femme est la vivante manifestation de la conscience de l'homme.

Édouard DE POMPERY.

Les objections tirées contre les femmes, de leurs preuves même d'incapacité ou de leurs défauts, tombent devant le seul fait de leur subordination éternelle; ce n'est pas elles que vous voyez, ce n'est pas elles que vous juges, c'est un être factice, ouvrage des hommes et non de Dieu.

E. LEGOUVÉ.

Je nie qu'on puisse savoir quelle est la nature des deux sexes, tant qu'on ne les observera que dans les rapports réciproques où ils sont aujourd'hui.

Si l'on avait trouvé des sociétés composées d'hommes sans femmes, ou de femmes sans hommes, ou d'hommes et de femmes, sans que celles-ci fussent assujetties aux hommes, on pourrait savoir quelque chose de positif sur les différences intellectuelles ou morales qui peuvent tenir à la constitution des deux sexes.

Ce qu'on appelle aujourd'hui la nature de la femme est un produit éminemment artificiel; c'est le résultat d'une compression forcée dans un sens, et d'une stimulation contre nature dans un autre.

STUART-MILL.

L'homme et la femme sont le fruit du

même arbre et représentent les deux aspects de l'être humain.

Leurs fonctions sont différentes, mais la loi qui les régit est *une*.

La personne humaine, qu'elle soit mâle ou qu'elle soit femelle, porte en soi son humanité. L'homme et la femme, régis ainsi par la même loi, qui est celle de leur humanité commune, ne peuvent établir entre eux des rapports inégaux qu'en sortant de l'humanité.

Donc il y a violation de la loi naturelle toutes les fois que les hommes établissent artificiellement entre les sexes des droits qui ne sont pas réciproques, des devoirs qui ne sont pas égaux.

Ch. Fauvety.

L'égalité des droits et des devoirs, assurée par l'unité de la loi, n'empêche pas la diversité des fonctions.

La sagesse sociale consiste à faire que les fonctions soient équivalentes dans la société, comme elles le sont dans la nature ; mais, pour cela, il n'est pas nécessaire de *subor-*

donner la femme à l'homme et de la lui *incorporer*.

Ch. FAUVETY.

Il existe dans le monde deux sortes d'orgueil : l'orgueil de la classe et l'orgueil du sexe; celui-ci beaucoup plus mauvais, beaucoup plus persistant, beaucoup plus farouche que l'autre; cet orgueil masculin, ce sentiment de la supériorité masculine est dans un grand nombre d'esprits; et, dans beaucoup qui ne l'avouent pas, il se glisse dans les meilleures âmes, et l'on peut dire qu'il est enfoui dans les replis les plus profonds de notre cœur.

Oui, messieurs, faisons notre confession; dans le cœur des meilleurs d'entre nous, il y a un sultan, et c'est surtout des Français que cela est vrai. Je n'oserais pas le dire, si, depuis bien longtemps, les moralistes qui nous observent, qui ont analysé notre caractère, n'avaient écrit qu'en France il y a toujours, sous les dehors de la galanterie la plus exquise, un secret mépris de l'homme pour la femme. C'est vraiment là un trait du caractère français, c'est un je ne sais quoi de fatuité que les plus civilisés d'entre nous portent en eux-mêmes; tranchons le mot, c'est l'orgueil du mâle.

Jules FERRY.

Lorsqu'un homme vient dire à une femme : Vous voulez parler d'affaires, madame? retournez donc à vos chiffons, votre cerveau n'est pas taillé pour ces choses; on est en droit de lui répondre : Qu'en savez-vous, s'il vous plaît?

Ce cerveau n'est point taillé pour ces choses? En connaissez-vous la mesure, la dimension? L'avez-vous jamais expérimenté? Avez-vous jamais permis qu'une femme allât jusqu'au bout de sa raison? Oui, en effet, aucune loi n'empêche aux femmes d'apprendre, mais vous leur en avez ôté tous les moyens.

Maria DERAISMES.

Si les femmes font partie de l'humanité, si elles sont *morales*, si elles sont *responsables*, si elles sont des *personnes*, elles ont des *droits* en même temps que des *devoirs*. Si non, ne leur demandez pas de vertus, ne leur reprochez pas leurs vices. Traitez-les comme on traite les vaches et les cavales; demandez-leur des petits et du lait.

Ch. Lemonnier.

Ceux qui avaient fui dans le combat, ceux qui avaient abandonné l'armée, étaient exposés trois jours en habit de femme. Mais pourquoi cette insulte à un sexe qui a souvent donné aux hommes des leçons de tous les genres de courage, qui sait comme eux mépriser la mort et mieux qu'eux supporter la douleur? Pourquoi favoriser cette fausse idée d'une autre supériorité que celle de la force, idée destructive des sentiments de la nature et funeste aux vertus domestiques?

Condorcet.

Vous êtes nos égales, non parce que vous êtes femmes, mais parce qu'il n'y a plus ni esclaves ni serfs.

Pierre Leroux.

C'est une question de savoir si la loi naturelle soumet les femmes aux hommes.

« Non, me disait l'autre jour un philosophe très-galant : la nature n'a jamais dicté une telle loi. L'empire que nous avons sur elles est une véritable tyrannie ; elles ne nous l'ont laissé prendre que parce qu'elles ont plus de douceur que nous, et, par conséquent, plus d'humanité et de raison. Ces avantages, qui devraient sans doute leur donner la supériorité si nous avions été raisonnables, la leur ont fait perdre, parce que nous ne le sommes point. »

Or, s'il est vrai que nous n'avons sur les femmes qu'un pouvoir tyrannique, il ne l'est pas moins qu'elles ont sur nous un empire naturel, celui de la beauté, à qui rien ne résiste. Le nôtre n'est pas de tous les pays ; mais celui de la beauté est universel. Pourquoi aurions-nous donc un privilége ? Est-ce parce que nous sommes les plus forts ? Mais c'est une véritable injustice. Nous employons toutes sortes de moyens pour leur abattre le courage. Les forces seraient égales si l'éducation l'était aussi. Éprouvons-les dans les talents que l'éducation n'a point affaiblis et nous verrons si nous sommes si forts.

MONTESQUIEU.

Parmi les progrès de l'esprit humain les plus importants pour le bonheur général, nous devons compter l'entière destruction des préjugés qui ont établi entre les deux sexes une inégalité de droits funestes à celui même qu'elle favorise.

On chercherait en vain des motifs de la justifier, par les différences de leur organisation physique, par celles qu'on voudrait trouver dans la force de leur intelligence, dans leur sensibilité morale.

Cette inégalité n'a eu d'autre origine que l'abus de la force, et c'est vainement qu'on a essayé depuis de l'excuser par des sophismes.

CONDORCET.

Loin de moi cette pensée que la femme soit inférieure à l'homme. Elle est son égale devant

Dieu, et rien dans les desseins providentiels ne la destine à l'esclavage.

George SAND.

Jusqu'à présent, la femme n'a compté pour rien dans la société humaine.

Qu'en est-il résulté? — Que les prêtres, le législateur, le philosophe, l'ont traitée en *vraie paria*. La femme (c'est la moitié de l'humanité) a été mise hors *l'Église*, hors *la loi*, hors *la société*.

Pour elle, point de fonction dans l'Église, point de représentation devant la loi, point de fonction dans l'État.

Flora TRISTAN.

L'anatomie la plus exacte n'a pu encore remarquer aucune différence entre la tête de la femme et la tête de l'homme.

Leur cerveau est entièrement semblable; ils voient, ils entendent par des organes qui sont exactement les mêmes; les impressions des sens se reçoivent, se rassemblent, se conservent de la même manière; les parties insensibles qui servent aux opérations de l'esprit paraissent se mouvoir de même et par un même principe dans l'un et l'autre sexe.

Toute la différence qui existe entre eux se trouve dans les organes qui sont nécessaires à la reproduction de l'espèce, *ce qui n'a rien de commun avec l'entendement.*

Mme DE COINCY.

La femme n'est ni inférieure, ni supérieure à l'homme ; ces deux êtres ne diffèrent, sous le rapport de l'esprit et de la forme, que pour s'harmoniser, et leurs facultés morales étant destinées à se compléter par l'union, ils doivent recevoir le même développement.

Mary WOOLLSTONECROFT.

Et nous aussi, nous avons hâte de l'avénement de la femme ; et nous aussi, nous l'appelons de toute notre puissance ; mais c'est au nom de l'amour pur qu'elle a fait pénétrer dans le cœur de l'homme et que l'homme aujourd'hui est prêt à lui rendre ; c'est au nom *de la dignité qui lui est promise dans le mariage;* c'est, enfin et par-dessus tout, au nom de la classe la plus nombreuse et la plus pauvre, *dont jusqu'ici elle a partagé la servitude et les humiliations,* et que sa voix entraînante peut seule aujourd'hui achever de soustraire à la dure exploitation que les débris du passé font encore peser sur elle.

BAZARD.

Il n'y a pas deux êtres différents, l'homme et la femme, il n'y a qu'un être humain sous deux faces qui correspondent et se réunissent par l'amour.

Pierre LEROUX.

Eh quoi! la femme aurait les mêmes passions, les mêmes besoins que l'homme, elle serait soumise aux mêmes lois physiques, et elle n'aurait pas l'intelligence nécessaire à la répression et à la direction de ses instincts?

On lui assignerait des devoirs aussi difficiles qu'à l'homme, on la soumettrait à des lois morales et sociales aussi sévères, et elle n'aurait pas un libre arbitre aussi entier, une raison aussi lucide pour s'y former !...

Dieu et les hommes seraient ici en cause. Ils auraient commis un crime, car ils auraient placé et toléré sur la terre une race dont l'existence réelle et complète serait impossible. Si la femme est inférieure à l'homme, qu'on tranche donc tous ses liens, qu'on ne lui impose plus ni amour fidèle, ni maternité légitime.

George Sand.

IV

Les différences intellectuelles et morales entre les sexes me semblent entièrement le résultat de l'éducation, en employant ce mot dans le sens le plus étendu pour exprimer non-seulement l'instruction communiquée par le maître, mais encore les habitudes d'esprit imposées par la situation ou par l'organisation physique de l'individu.

STEWART.

L'éducation des filles comporte des problèmes si graves, — car l'avenir d'une nation est dans la mère, — que depuis longtemps l'Université de France s'est donné la tâche de n'y point songer.

BALZAC.

Y a-t-il rien de plus bizarre que de voir comme on agit, en l'éducation des femmes?

On ne veut point qu'elles soient coquettes ni galantes, et on leur permet pourtant d'apprendre soigneusement tout ce qui est propre à la galanterie, sans leur permettre de savoir rien qui puisse fortifier leur vertu ou occuper leur esprit.

En effet, toutes ces grandes réprimandes qu'on leur adresse dans leur première jeunesse, de n'être pas assez propres, de ne s'habiller pas d'assez bon air, et de n'étudier pas assez les leçons que leurs maîtres à danser et à chanter leur donnent, ne prouvent-elles pas ce que je dis?

Et ce qu'il y a de singulier, c'est qu'une femme, qui ne peut danser avec bienséance que cinq ou six ans de sa vie, en emploie dix ou douze à apprendre continuellement ce qu'elle ne doit faire que cinq ou six; et, à cette même personne qui est obligée d'avoir du jugement jusqu'à la mort et de parler jusqu'à son dernier soupir, on ne lui apprend rien du tout qui puisse ni la faire parler plus agréablement ni la faire agir avec plus de conduite ; et, vu la manière dont il y a des femmes qui passent leur vie, on dirait qu'on leur a défendu d'avoir de la raison et du bon sens, et qu'elles ne sont au monde que pour dormir, pour être grasses, pour être belles, pour ne rien faire, et ne dire que des sottises.

Mlle DE SCUDÉRI.

elle est la société, telle est la femme.

Si ce qui est sonne faux et lui apporte des sensations violentes, des émotions en sens contraire, si elle est à la fois adorée et opprimée, flattée et méprisée, tantôt tenue en tutelle par les lois, garrottée par les préjugés et les mœurs, tantôt imposant ses caprices et trônant en déesse, comment la pauvre femme serait-elle ce qu'elle doit être selon la nature, ce que l'homme la rêve dans ses aspirations :

la plus pure et la plus exquise manifestation de l'espèce humaine?

Édouard de Pompery.

Les Scythes crevaient les yeux de leurs esclaves afin qu'ils n'eussent point de distraction en battant le beurre. Il y a aussi des gens qui crèvent les yeux au rossignol afin qu'il chante mieux. Ne serait-on pas tenté de croire qu'une pensée analogue préside à l'éducation qu'on donne aux femmes? On semble appréhender que si leur intelligence n'est aveugle, elles ne soient moins bonnes ménagères, ou de moins agréables babillardes.

Daniel Stern.

La vraie doctrine de l'éducation consiste à rechercher pour chaque être humain, quel que soit le sexe, le milieu le plus favorable au complet développement de la puissance morale, intellectuelle et physique, et à cultiver en lui, pour l'y faire croître et triompher, la volonté de chercher, de choisir le bien et de l'accomplir dans toute la mesure du possible : cette doctrine s'applique à la femme comme à l'homme.

Caroline de Barrau.

Si l'esprit de la femme est naturellement différent de celui de l'homme, elle saura d'elle-même distinguer ce qui lui convient et rejeter le reste.

André Léo.

L'expérience nous apprend que les femmes peuvent non-seulement supporter la fatigue et le travail, mais qu'elles sont capables aussi bien que nous de courage, de fermeté, de force d'esprit et de valeur ; combien d'héroïnes n'a-t-on pas vu dans tous les siècles! nous voyons tous les jours des femmes qui se tirent d'elles-mêmes de l'état de nonchalance et de mollesse où notre prévention les place, et qui réussissent aussi bien et quelquefois mieux que les hommes dans les choses qu'elles entreprennent.

François de Grand.

On ne peut pas douter que l'instruction ne contribue à la moralité des femmes; plus l'esprit humain s'éclaire, plus il connaît que l'amour de l'ordre et le goût de la vertu sont les véritables sources du bonheur..

François DE GLAND.

Les deux sexes forment le complément de l'espèce humaine; l'un sans l'autre n'est qu'un être imparfait, chacun contribue pour sa part au bonheur de la société.

Pourquoi n'en partagent-ils pas aussi tous les avantages? D'où vient cette différence? Croit-on le beau sexe moins propre à l'étude des sciences et de la politique?

Mais qui oserait en douter! La France, l'Angleterre et la Suède déposeraient contre eux; les mânes des Dacier, des Deshoulières, des Christine, des Élisabeth, etc., sortiraient de leurs tombeaux pour les confondre : c'est donc nous qui sommes injustes; je vois partout des lycées, des académies, des colléges en faveur des hommes; quand s'occupera-t-on des femmes? Et tandis qu'on ne fait rien pour elles, comment espérer une meilleure éducation ?

S'il y a quelque chose à redire à cet égard, ne nous en prenons qu'à nous-mêmes ; oui, citoïens ! nous sommes la première cause des imperfections du beau sexe ; il ne tient qu'à nous de remédier à ce défaut ; nous le pouvons et nous le devons. Commençons par rendre aux femmes plus de justice que nous n'avons fait jusqu'à présent ; agissons avec elles d'une manière tout oposée, fournissons-leur les moyens de s'instruire...

Mais c'est surtout de notre moralité que dépend celle des femmes ; leur perfectionnement sera notre ouvrage si nous cessons d'applaudir à leurs ridicules et de les flater mal à propos.

François de Gland.

La conduite des hommes à l'égard des femmes n'est presque établie que sur l'opinion désavantageuse que l'on a de leur sexe ; on les regarde comme faibles, délicates, inutiles à toute autre chose qu'aux soins d'un ménage ou aux plaisirs. Les femmes, de leur côté, ont parfaitement pris le change : elles ont pour ainsi dire, renoncé aux avantages réels que nous leur otons, pour s'en tenir aux agrémens extérieurs ou aux qualitez présumées que leur prêtent nos caprices. La beauté qui leur atire ces égards, est devenue l'objet de toute leur aplication ; ce qui a produit ces ménagements infinis qu'elles ont pour la conserver, et cette indifférence pour toutes les choses qui n'y ont point de raport. Nul goût en général pour les choses solides peu d'atention aux devoirs les plus importans ; elles vivent presque sans connaissances et sans instruction ; la frivolité les ocupe tout entières.

François de Gland.

L'ignorance érigée en système, par rapport à la femme, est encore plus funeste qu'injuste.

Maris, qui redoutez si fort l'instruction, vous ne redoutez donc pas l'ignorance ?

Cette majestueuse autorité que votre esprit inquiet enserre avec tant de jalousie, et que vos mains débiles maintiennent avec des freins, hélas ! si souvent insuffisants, vous la croyez donc bien dûment garantie par l'amoindrissement de celle sur laquelle elle doit s'exercer ?

Vous ne vous dites pas que l'obstacle qu'on n'ose braver, on l'élude; que la montagne qu'on ne peut gravir, on la tourne, et que l'œuvre de la force a toujours été de produire la ruse ?

Vous ne craignez pas que vos propres armes se retournent un jour contre vous, et que, dans le vide de son esprit et l'oisiveté de son cœur, cette femme, à qui appartiennent désormais l'avenir de vos enfants et l'honneur de votre famille, ne cherche, en dehors de son monotone foyer, des émotions plus imprévues et des joies plus vivantes ?...

Vous ne craignez pas que l'ennui pesant et lourd qui énerve le corps, qui démoralise l'esprit, ne soit pour elle un conseiller perfide ?... Ces matinées paresseuses que l'étude n'a jamais remplies et auxquelles succèdent ces soirées si pleines de vanité et de prestige, rien de tout cela ne vous effraye.... Vous !

qui lui enlevez les livres et lui laissez les rêves !...

Mme GAUTHIER-COIGNET.

Non-seulement le vice de l'ignorance empoisonne le foyer conjugal, mais il amoindrit la maternité, il la matérialise.

Mme GAUTHIER-COIGNET.

Les plaisanteries de Molière ont fait leur temps ; une femme ignorante pouvait convenir à des bourgeois ignorants comme le bonhomme Chrysale. La femme d'ailleurs n'était guère alors qu'une ménagère, tout occupée des soins matériels de la maison.

Mais aujourd'hui que l'industrie a racheté la femme de la servitude, aujourd'hui qu'elle n'a plus à filer, à tisser, à blanchir, à cuisiner, il faut donner à l'esprit un aliment plus noble. La femme a maintenant du loisir. Ce loisir sera son salut ou sa perte, suivant qu'il sera bien ou mal employé.

En parlant ainsi, je n'ai pas seulement en vue le bonheur de la femme et la paix dans son ménage ; il y a là un intérêt de premier ordre pour le pays. Si l'on veut régénérer la France, c'est par les femmes qu'il faut commencer.

Éd. LABOULAYE.

Quand nous nous étonnons que la civilisation ne marche pas plus vite, nous devrions nous en prendre à nous-mêmes.

Nos efforts sont mal dirigés. La civilisation d'un pays, ce n'est pas ce que savent quelques esprits cultivés, ce que pensent quelques hommes supérieurs ; c'est ce que savent et ce que pensent les femmes qui donnent à leurs enfants leurs idées et leurs préjugés. Là est le thermomètre de la civilisation.

Ayez des femmes instruites, le pays sera instruit ; ayez des femmes ignorantes, vous aurez un pays ignorant.

Éd. LABOULAYE.

Parlerai-je de la médecine? L'exemple de l'Angleterre et des États-Unis prouve que les femmes s'y portent naturellement.

En France, n'avons-nous pas un grand nombre de sœurs et de sages-femmes? En leur refusant le droit d'acquérir un diplôme, que faisons-nous, sinon d'avoir pour soigner nos malades des femmes ignorantes au lieu de médecins instruits?

Y a-t-il une raison pour refuser aux femmes le droit de soigner les enfants et leurs mères? Non, il n'y a qu'un vieux préjugé. Si l'habitude ne nous aveuglait pas, nous sentirions que nos usages blessent sans cesse ce qui fait la force et la dignité de la femme, la pudeur.

Jusqu'au dix-septième siècle, on ne connaissait pas d'accoucheur; les curieux recherchent un petit livre du temps intitulé : *De l'indécence qu'il y a pour les femmes à se faire accoucher par des hommes*, petit livre qui nous atteste qu'on fut scandalisé de cette innovation, selon moi fort malheureuse.

Et les maladies des femmes? N'y a-t-il pas pour une jeune femme un vrai supplice dans la nécessité de confier sa souffrance à un autre homme que son mari? N'a-t-on pas vu de pauvres créatures mourir d'un mal affreux, plutôt que de mettre un médecin dans le secret de leur misère?

Et la folie? Songe-t-on à ce que doit éprouver une femme qui revient à la raison, quand elle a eu un étranger pour témoin de ses égarements? Les médecins, dira-t-on, sont des confesseurs; ils en ont la discrétion et la prudence. — Soit; mais laissez les femmes et les maris choisir ce qui leur convient le mieux.

Nous ne demandons qu'une chose, c'est le droit pour la femme de s'adresser à un médecin de son sexe, quand ce médecin aura prouvé sa capacité. Est-ce chose impossible? Non, ouvrez vos écoles, les élèves n'y manqueront pas; vous le savez bien.

Éd. Laboulaye.

Le collége d'Antioche a donné un résultat des plus étranges. Jusqu'alors on avait été persuadé qu'il y avait une variété d'esprit entre l'homme et la femme; que l'esprit de l'homme penchait plutôt vers les choses abstraites, celui de la femme vers les choses concrètes. Les expériences faites au collége d'Antioche prouvèrent que l'esprit n'a pas de sexè, qu'il n'y a pas d'études spéciales pour les jupes et l'habit, et qu'enfin, si les femmes avaient quelquefois montré plus d'aptitude que les hommes, c'était pour les études mathématiques ! Raisonnez après cela !

Éd. LABOULAYE.

Les jeunes filles de la classe moyenne en France (je ne parle pas des ouvrières ou des paysannes) reçoivent toutes en naissant le même mot d'ordre : ne rien dire, ne rien penser, ne rien sentir, ou du moins en faire semblant.

Alfred ASSOLANT.

Que les femmes se persuadent bien que leur rôle n'est pas de vivre ignorantes, frivoles, et d'attendre que les hommes leur fournissent le vêtement, le vivre et le couvert.

L'oisiveté, disait le vieux proverbe, *est la*

mère de tous les vices; elle est aussi la mère de toutes les servitudes.

Alfred Assolant.

Savez-vous pourquoi il faut bien élever les femmes? Parce que c'est le meilleur moyen de bien élever les hommes.

E. Legouvé.

On exige de la femme une abdication complète de ses goûts, de sa volonté, souvent même de son intelligence, et, pourtant, c'est à elle qu'est confiée la terrible responsabilité de l'éducation première de l'enfance.

Quoi! cette incapable à qui, en toutes occasions, on fait si chèrement sentir son infériorité, cette esclave devra remplir, et remplir dignement, le plus saint, le plus grand, le plus noble des devoirs!

Elle, pour qui l'éducation morale a été presque nulle, devra porter dans de jeunes âmes les premières lueurs de la raison; elle devra les préparer à la vie, c'est-à-dire à la lutte vaillante du bien contre le mal !

Mme V. V.

Longtemps avant que la jeune américaine ait atteint l'âge nubile, on commence peu à peu à l'affranchir de la tutelle maternelle : elle n'est point encore sortie entièrement de l'enfance que déjà elle pense par elle-même, parle librement, et agit seule ; devant elle est exposé clairement le grand tableau du monde ; loin de chercher à lui en dérober la vue, on le découvre chaque jour de plus en plus à ses regards, et on lui apprend à le considérer d'un œil ferme et tranquille. Ainsi, les vices et les périls que la société présente ne tardent pas à lui être révélés ; elle les voit clairement, les juge sans illusion et les affronte sans crainte ; car elle est pleine de confiance dans ses forces, et la confiance semble partagée par tous ceux qui l'environnent.

DE TOCQUEVILLE.

Les Français ont l'habitude de voiler la vie

aux jeunes personnes et de ne leur accorder aucun droit à la pensée et à la parole.

Une jeune fille, en France, doit ignorer jusqu'à sa vertu.

Elle ne doit connaître de l'homme que le chapeau et le manteau de son père et de son frère.

Elle ne doit jamais discuter, fût-ce avec un sage, qu'en présence de sa mère.

Elle ne doit jamais non plus avouer qu'elle a lu les grands poëtes de l'humanité ; et si elle pense, elle doit cacher sa pensée, c'est-à-dire son cœur, son esprit et son jugement jusqu'au lendemain du mariage.....

Et ces mêmes Français, qui mesurent si parcimonieusement la vie à la femme, la déclarent l'égale absolue, la rivale de l'homme!

Alexandre Weill.

Dans notre état social, la fille du peuple, par son ignorance, son manque d'instruction, son penchant à la coquetterie, penchant que la société, les journaux légers et surtout les femmes favorisent singulièrement, est pour ainsi dire la proie de l'homme, la victime sacrifiée sur l'autel du plaisir.

Alexandre WEILL.

Une femme qui travaille et qui raisonne ne se laissera pas facilement entraîner. Qu'on essaye donc de séduire une femme qui nourrit son enfant ou qui s'occupe à gagner honnêtement sa vie pour le faire nourrir !....

Alexandre WEILL.

Il arrivera, je le crois, une époque où des législateurs philosophes donneront une attention sérieuse à l'éducation que les femmes doivent recevoir, aux lois civiles qui les protégent, aux devoirs qu'il faut leur imposer, au bonheur qui peut leur être garanti ; mais dans l'état actuel, elles ne sont pour la plupart ni dans l'ordre de la nature, ni dans l'ordre de la société. Les qualités leur nuisent quelquefois, quelquefois les défauts leur servent ; tantôt elles sont tout, tantôt elles ne sont rien.

Mme DE STAEL.

Éclairer, instruire, perfectionner les femmes comme les hommes, les nations comme les individus, c'est encore le meilleur secret pour tous les buts raisonnables, pour toutes les relations sociales et politiques auxquelles on veut assurer un fondement durable.

Mme DE STAEL.

Les devoirs de la maternité sont compatibles avec les grandes pensées, mais ils ne sauraient s'allier aux goûts frivoles.

Une femme en allaitant son fils peut rêver avec Platon et méditer avec Descartes. Son humeur en sera plus sereine, les qualités de son lait n'en seront point altérées. Mais qu'elle se pare, se farde, veille, danse, intrigue; son sang s'échauffe, ses mamelles tarissent, son enfant pâtit.

Pourquoi donc les hommes redoutent-ils si fort une femme philosophe, et souffrent-ils avec tant de complaisance une femme coquette?

Daniel STERN.

Toutes les femmes sont élevées dès l'enfance dans la croyance que l'idéal de leur caractère est tout le contraire de celui de l'homme; elles sont dressées à ne pas vouloir par elles-mêmes, à ne pas se conduire par leur volonté, mais à se soumettre et à céder à la volonté d'autrui.

STUART-MILL.

On agit à l'égard des jeunes filles comme agirait un père qui, sans conseils préalables, conduirait son enfant au bord d'un fleuve large et rapide; puis, sans préparation aucune, le jetterait au plus fort du courant, avec injonction de gagner un point désigné.

Nul doute qu'une catastrophe s'ensuivrait; nul doute aussi qu'il ne viendrait à l'idée de personne d'accabler d'injures la mémoire de l'enfant disparu au profond de l'abîme. On réserverait, et ce ne serait que justice, les malédictions pour le père barbare.

Mme V. V.

. . . . . Ah! permettez-moi de vous le dire, à vous qui êtes jeunes et qui avez encore l'avenir devant vous, les femmes ne savent pas assez, en général, combien il leur importe, au point de vue de leur bonheur comme de leur dignité, de ne pas accepter trop humblement cette prétendue infériorité intellectuelle à laquelle une trop longue tradition les a condamnées. Elles ne savent pas, en général, combien elles perdent à n'être pas les égales des hommes, à se contenter d'être, comme quelques-unes s'y résignent et parfois, hélas! s'en font gloire, une parure dans un salon, un colifichet qui passe en faisant frou-frou. Ce n'est pas trop leur faute, je le sais bien. « Vous n'avez pas voulu d'égales, a-t-on dit justement aux hommes; vous y avez gagné de n'avoir plus de compagnes. »

Frédéric PASSY.

Ni la justice, ni la dignité et le bonheur de la famille, ni le progrès régulier de la société humaine, ne peuvent, à mon avis, trouver leur compte à la prolongation indéfinie de cette sorte de minorité et d'interdiction qui, en abaissant la femme, abaisse l'homme, et réduit à la stérilité, quand elle ne les tourne pas à mal, une partie des meilleures facultés et des meilleurs intérêts de notre double nature.

Frédéric Passy.

Avec l'éducation que les femmes reçoivent, un homme et une femme ne peuvent que fort rarement trouver l'un dans l'autre une sympathie réelle de goûts et de désirs sur les affaires de tous les jours.

Ils doivent s'y résigner sans espérance, et renoncer à trouver dans le compagnon de leur vie cet *idem velle*, cet *idem nolle* qui est pour tout le monde le lien d'une association véritable : ou bien, si l'homme y parvient, c'est en choisissant une femme d'une si complète nullité, qu'elle n'a ni *velle* ni *nolle*, et qu'elle se sent tout aussi disposée à une chose qu'à une autre, pourvu qu'on lui dise ce qu'elle a à faire.

Stuart-Mill.

L'extension de la sphère d'activité des femmes aurait l'heureux résultat d'élever leur éducation au niveau de celle de l'homme, et de les faire participer à tous ses progrès.

STUART-MILL.

Que fait-on pour la femme? J'écris ceci en frémissant, car si, dans mon obscurité, je sais trouver suffisante ma part de bonheur, je n'en apprécie pas moins les douleurs et la tristesse que chaque instant me révèle, et je hâte de mes vœux l'heure de la réparation...

Jeune fille, on la tient dans un état de sujétion tel que toute dignité, toute initiative morale, semblent lui être interdites. On pensera pour elle, on agira pour elle. Moins les grilles, remplacées d'ailleurs par une étroite surveillance, c'est à peu de chose près le système oriental. Heureuse entre toutes, la femme qui, par hasard, obtient une éducation appropriée aux devoirs qui lui incomberont!

Généralement, pourvu qu'elle sache se

composer une mise convenable, qu'elle ait un gentil babil de salon, pourvu, enfin, que sa mère la conserve chaste de corps : voilà tout ce qu'il faut, voilà tout ce qu'exige l'opinion.

Sur un de ces points, l'éducation de la fille d'ouvrier est mieux entendue. Là, par l'exemple de sa mère, elle sait, la pauvre enfant, que la tâche d'une femme n'est pas chose facile, et qu'elle doit apporter au ménage sa large part de travail. Pourquoi, sur les autres questions, n'est-elle pas aussi bien instruite ?

Si, lassée de la compression morale où elle est tenue, la jeune fille veut chercher diversion à ses pensées et donner satisfaction à son intelligence, en dehors de l'instruction généralement admise, on lui signifie qu'une femme ne doit être ni une pédante ni un bas-bleu. En d'autres termes, qu'elle doit rester ignorante, et que l'on n'a pas besoin de tant de savoir pour faire marcher sa maison et soigner ses enfants.

— Mais, répond-elle, si, lorsque je serai mariée, mon mari désire m'associer à ses travaux, à ses études, si quelquefois il cherche dans la causerie un délassement agréable, que pourrai-je lui dire, ne sachant rien?

— Va, va, réplique-t-on, un mari a autre chose à faire que de causer avec sa femme!

Mme V. V.

Laissez la femme s'instruire. Ne craignez pas qu'une femme vraiment instruite délaisse le soin de sa maison et de ses enfants. Tout au contraire, elle en deviendra plus sensée et plus grave.....

Instruite, la femme saura mieux se préserver des dangers qui l'entourent, et, dans son esprit, trouvant une ressource contre l'ennui, elle surmontera mieux la tentation; car, enfin, philosophes et moralistes, vous admettrez bien que les soins du ménage n'empêchent pas de penser! Or, que voulez-vous attendre d'un esprit rompu aux seules exigences matérielles de la vie?

Mme V. V.

Ne faut-il pas que la jeune fille, sortie de l'enfance, apprenne à sentir et à penser par elle-même?

ÉMILE ACOLLAS.

Quoi! la science serait pernicieuse! Quoi! vous, esclaves qu'elle a délivrés, vous la reniez déjà! Elle serait mauvaise pour la femme, étant bonne pour vous? Elle aurait cet étrange effet que, précieuse à la raison, elle serait funeste pour le cœur! Et que deviendrait, en ce cas, la moralité de l'homme? Que conclure d'un tel aveu?

ANDRÉ LÉO.

Parle-t-on d'instruire les épouses et les mères? Prenez garde! disent tous les hommes de cette doctrine; vous allez renverser la famille.

Parle-t-on de leur donner des droits? Prenez garde! vous allez détruire la nature féminine; et ainsi, cachant leur envieux despotisme sous un masque de respect, interdisant aux femmes tout développement intellectuel ou vital, sous le prétexte de leur laisser l'empire dans la famille, et en les asservissant ensuite dans la famille, sous le prétexte de leur laisser leur caractère de femmes, ils transforment la tyrannie même en un hommage menteur.

Eh bien! je vous le dis, c'est au nom de la famille, au nom du salut de la famille, au nom de la maternité, du mariage, du ménage, qu'il faut réclamer pour les filles une forte et sérieuse éducation...

Être épouse et mère, est-ce seulement commander un dîner, gouverner des domestiques, veiller au bien-être matériel et à la santé de tous; que dis-je? est-ce seulement aimer, prier, consoler? Non, c'est tout cela, mais c'est plus encore: c'est guider et élever; par conséquent, c'est savoir. Sans savoir, pas de mère complétement mère; sans savoir, pas d'épouse vraiment épouse.

E. Legouvé.

Comme les femmes peuvent, par la mort de leurs maris, devenir tutrices de leurs enfants, il me semble qu'il est indispensable de leur donner une connaissance au moins élémentaire des lois et de la constitution de leur pays.

Mme DE GENLIS.

Ce qu'il faut montrer, c'est, de nos jours, dans notre pays, en plein Paris, cette foule d'êtres admirablement bien doués par la nature, chez lesquels une éducation étroite, une mauvaise hygiène morale et la préoccupation constante de minuties ont si bien atrophié l'intelligence, que la beauté et la jeunesse, ou pis encore, la toilette, qui à leurs yeux y supplée, leur sont devenues des conditions absolues de bonheur.

Ce qui est triste, c'est de voir, dans nos lieux de réunion, les hommes et les femmes divisés en groupes distincts qui ne s'entendent que lorsque les passions, la vanité ou l'intérêt les rapprochent; c'est de voir, au sein d'une même patrie, deux nations de sexes différents, n'ayant ni les mêmes croyances religieuses, ni le même niveau de culture intellectuelle, ni le même code moral.

Ce qui est plus triste encore, c'est de penser que, si l'un des mobiles dont j'ai parlé réunit pour un temps deux êtres appartenant à ces deux mondes si différents, ce sera le plus nuisible, le plus ignorant des deux, celui qui ne s'est jamais rendu compte d'une seule de ses croyances, d'une seule de ses opinions, celui dont, le sexe étant changé, pas un homme intelligent ne voudrait faire son ami, ce sera la femme, en un mot, qui aura une influence prédominante. Comment s'étonner que, de ces unions, naissent les défaillances et les honteuses palinodies dont nous sommes témoins?

Voilà ce qu'il faut dire pour démontrer la nécessité d'une réforme, non dans la position, mais dans l'éducation des femmes. Ce point obtenu, leur situation se modifiera d'elle-même. Il y a du vrai, croyez-le bien, dans ces deux aphorismes qui semblent, au premier abord, dictés par un philosophe sans entrailles: Tout pays a le gouvernement qu'il mérite; chacun se fait son sort.

On a trop flatté les femmes, les Françaises, les Parisiennes surtout. Parce qu'elles se sont transmis de génération en génération une élégance et une grâce incomparables, on les a tenues quittes de toutes les vaillantes vertus que notre temps demande. On s'est moqué des femmes savantes, on a ri des femmes fortes, — flatterie indirecte pour l'ignorance et la faiblesse qu'il était bien plus urgent de combattre.

Horace DE LAGARDIE.

Le temps est passé où l'on raillait les efforts tentés par les femmes pour développer leur intelligence. Nous n'avons que des bachelières aujourd'hui; nous espérons que nous aurons bientôt des licenciées, *des femmes docteurs en médecine*, comme en Angleterre et aux États-Unis.

Louis JOURDAN.

Quel inconvénient voyez-vous à ce que des femmes entrent résolûment dans la carrière médicale? Est-ce que, pour les enfants, par exemple, son ministère ne serait pas infiniment plus précieux que celui de l'homme? Qui, mieux qu'elles, exerce sur ces chers petits êtres le magnétisme sauveur jaillissant d'un cœur aimant et dévoué ?

Mme V. V.

Une femme médecin répugne; une femme notaire fait rire; une femme avocat effraye. Les femmes elles-mêmes, d'accord avec les coutumes qui les excluent, n'épargnent ni les railleries ni les reproches amers à celles de leurs sœurs qui osent rêver une existence en dehors ou en l'absence de la famille; et ainsi, entourées de barrières, assistant à la vie, mais n'y prenant point part, sans lien avec la patrie, sans intérêt dans la chose publique, sans emploi personnel, elles sont filles, épouses et mères; elles sont rarement femmes, c'est-à-dire créatures humaines pouvant développer leurs facultés; jamais citoyennes.

E. Legouvé.

Nous pouvons être tranquilles sur un point. Ce qui répugne aux femmes, on ne le leur fera pas faire en leur donnant pleine liberté. L'humanité n'a que faire de se substituer à la nature, de peur qu'elle ne réussisse pas à atteindre son but.

Il est tout à fait superflu d'interdire aux femmes ce que leur constitution ne leur permet pas. La concurrence suffit pour leur défendre tout ce qu'elles ne peuvent faire aussi bien que les hommes, leurs compétiteurs naturels, puisqu'on ne demande en leur faveur ni primes, ni droits protecteurs; tout ce qu'on demande, c'est l'abolition des primes et des droits protecteurs dont jouissent les hommes.

Si les femmes ont une inclination plus forte pour une chose que pour une autre, il n'est pas besoin de lois ni de pression sociale pour forcer la majorité des femmes à faire la première plutôt que la seconde.

Le service des femmes le plus demandé sera, quel qu'il soit, celui-là même que la liberté de la concurrence les excitera le plus vivement à entreprendre; et, ainsi que le sens des mots l'indique, elles seront le plus demandées pour ce qu'elles sont le plus propres à faire, de sorte que ce qu'on aura fait en leur faveur assurera aux facultés collectives des deux sexes l'emploi le plus avantageux.

STUART-MILL.

Qu'est-ce, à vrai dire, que la mission de la femme? Que prétendent ceux qui en parlent? Comment la définir et la circonscrire en des limites précises, exclusives?

Et si l'on prétend réellement enfermer la femme dans un cercle de devoirs exclusifs, est-ce prudent, est-ce humain, est-ce juste?

Est-il vrai que la femme ait une mission spéciale dans le sens absolu du mot, dont il lui est impossible de s'affranchir sans manquer à ses devoirs? ou bien la *véritable Mission de la femme* n'est-elle pas, ainsi que celle de tout être humain, de travailler à l'entier développement de ses facultés morales, intellectuelles et physiques, et d'atteindre le plus haut degré de perfectionnement auquel il lui soit permis d'aspirer?

La vaillance et la persévérance dans le bien, le juste et le vrai ne sont-elles pas, pour elles comme pour l'homme, les premières vertus?

Caroline DE BARRAU.

Notre éducation nous rend généralement très-timorées en tout ce qui a rapport à la vie politique et à l'action des femmes hors du foyer de la famille.

En effet, c'est là que notre influence doit se faire sentir d'abord pour rayonner bientôt sur la société tout entière; car c'est au foyer de la famille que la mère verse au cœur de l'enfant les enseignements qui, un jour, feront de lui un bon citoyen, ce qui veut dire un homme utile à l'humanité, un homme vraiment religieux.

Mais, pour élever des hommes et des citoyens, il faut à la femme des notions justes de la vie publique, des devoirs sociaux, du courage civique, du dévouement fraternel entre les peuples; — et c'est ce qu'en France on ne nous enseigne pas assez.

Mme A. CAEL.

Est-ce que par respect pour elle-même, pour sa propre satisfaction, pour l'exercice de ses droits et l'accomplissement de ses devoirs, la femme ne doit pas développer ses facultés?... Est-ce qu'elle doit rester complétement étrangère à ce qui concerne ses intérêts, ceux de son pays, ceux de l'humanité?...

Pourquoi le mari évite-t-il avec soin le tête-à-tête avec sa femme, le fils le tête-à-tête avec sa mère, le frère le tête-à-tête avec sa sœur? N'est-ce pas parce qu'ils n'ont, intellectuellement parlant, aucun point de contact, aucune préoccupation commune? Il y a divorce complet entre les sentiments, les idées, et, par suite, les volontés des uns et des autres.

S'il en était autrement, est-ce que le mari chercherait et trouverait un meilleur confident, un meilleur conseiller que sa femme? L'histoire ne démontre-t-elle pas que les plus grands hommes ont été élevés par leur mère, ou conseillés par leur femme? Si vous voulez animer le foyer, si vous voulez fortifier la famille, si vous voulez faire des hommes et des citoyens, élevez vos filles comme des Cornélie et non comme des Phryné, et criez avec nous : « Guerre à l'ignorance, guerre aux ténèbres ! »

André ROUSSELLE.

Il n'y a aucune raison au monde qui puisse faire que les sacrifices consentis par l'État, en faveur des garçons, ne le soient pas de même en faveur des filles...

Ici, à côté de la justice, il y a un intérêt qui est tout uniment le premier intérêt du monde.

Nous l'avons tous dit les uns après les autres : quand on élève un garçon, et que d'un ignorant on fait un lettré, qu'est-ce qui en résulte ? Il en résulte un lettré. Quand on élève une fille, et que d'une ignorante on en fait une lettrée, qu'est-ce qui en résulte ? Messieurs, il en résulte une institutrice, c'est-à-dire qu'au lieu d'avoir enseigné à une fille, vous avez enseigné à toute une famille. A ce grand intérêt se rattache le grand intérêt de la reconstitution du foyer domestique, de la puissance bienfaisante et salutaire de la morale enseignée par la mère à l'enfant qui sort du berceau.

Jules SIMON.

Les hommes font les lois, mais ce sont les femmes qui font les mœurs ; l'éducation des femmes est donc une chose de la plus haute importance, puisqu'elle exerce une si grande influence sur la moralité des peuples.

Mme D'ADHÉMAR.

Les hommes ont si mauvaise opinion de l'esprit des femmes, qu'ils font pour elles des livres à part, des méthodes particulières, comme on fait aux enfants des catéchismes à leur portée.

Mme DE RIEUX.

L'État paye une Université pour les hommes, une École polytechnique pour les hommes, des écoles des arts et des métiers pour les hommes, des écoles d'agriculture pour les hommes, des écoles normales pour les hommes! Et pour les femmes, que fonde-t-il? Des écoles primaires! Pourquoi s'arrêter là?

E. Legouvé.

L'éducation religieuse actuellement donnée aux femmes est une cause fréquente de discordes intestines au sein des ménages. Il est bien difficile, en effet, que des personnes ayant des croyances diamétralement opposées, des aspirations toutes différentes, puissent s'entendre longtemps sur leur conduite mutuelle.

Paul Thouzery.

Jusqu'ici, on a compris l'union des sexes; a-t-on compris l'association des esprits, la coopération des forces et la légitimité des efforts libres de chaque individualité?

Quand rendra-t-on à *chacune* ce qui lui est dû? Non en lui assignant arbitrairement une place et une tâche, mais en lui accordant de chercher elle-même sa voie sans la lui limiter, sans la tracer, sans lui en dérober la moitié?

Le bonheur et le progrès sont les conquêtes à faire; et telle est la constitution de l'être humain que nous ne marchons à l'un et à l'autre que par un effort vers le bien. Pourquoi donc tracer encore à l'un des époux les limites de l'effort? Qui a dicté ces limites et quel droit les a consacrées?...

Que l'effort, que la volonté luttent sous l'influence unique de l'amour du bien, qu'il y ait concours, émulation et liberté, non direction et empire, qu'il s'agisse d'équilibre et non de dictature...

Caroline DE BARRAU.

A moins de refuser aux femmes tout sentiment moral, à moins de prétendre qu'elles n'ont ni raison, ni volonté, ni liberté, enfin, à moins de leur refuser la nature humaine, je ne vois aucun motif de les traiter moins sérieusement que les hommes, de leur dénaturer la vérité sous la forme d'un préjugé, le devoir sous l'apparence d'une superstition, pour qu'elles acceptent le devoir et la vérité.

Mme ***.

Oh ! si les femmes recevaient une autre éducation; si, au lieu de les élever comme des odalisques pour plaire et servir, on les rendait propres à remplir le rôle sublime d'inspirer et de guider le compagnon auquel la Providence les a destinées, l'intelligence humaine s'accroîtrait dans un siècle plus qu'elle ne l'a fait pendant le cours de toutes les générations passées.

Flora Tristan.

Homme d'étude ou d'affaires, d'énergie, d'ardent travail, le temps vous manque, dites-vous, pour associer votre femme à votre progrès journalier ; vous la laissez à son ennui, aux conversations futiles, aux vides prédications, aux livres ineptes, en sorte que, tombant au-dessous d'elle-même, moins que femme et moins qu'enfant,elle n'agira point, — ou agira mal, — sur son fils, et n'aura ni l'influence ni l'autorité d'une mère....

Eh bien! vous aurez le temps, à mesure que l'âge viendra, de travailler en vain à refaire ce qui ne se refait point, de courir après un fils qui, du collége aux écoles, des écoles au monde, connaît à peine sa famille, et qui, s'il voyage un peu et vous rencontre au retour, vous demandera votre nom. La mère seule vous eût fait un fils, mais il fallait pour cela que vous la fissiez comme femme ; il fallait la fortifier de vos sentiments et de vos idées, la nourrir de votre vie.

MICHELET.

Merci aux hommes généreux qui ont compris le danger du demi-savoir ou de l'ignorance, et qui ont osé hautement parler de la nécessité de s'occuper de l'instruction de la femme !

Ils ont senti que l'avenir de la société dépend beaucoup de celles qui doivent être épouses et mères ; qu'il importe que la femme ait des principes pour en donner à l'enfant, et que de notre temps, où l'on conteste tout, aucun principe n'est solide quand il n'est appuyé par le savoir ; que c'est rendre la vie domestique impossible ou tout au moins l'empêcher d'atteindre son but que de ne pas établir de concordance entre l'intelligence de l'homme et celle de sa compagne.

Ils savent quel profit moral l'homme peut retirer des rapports que la société établit entre lui et la femme ; ils nous estiment assez pour comprendre l'impulsion que nous pouvons donner au bien. Ils savent enfin que nous aussi, nous avons droit à la lumière, et que nous ne devons pas être privées des nobles jouissances que donnent l'instruction.

Mlle OBERTHAL.

La première cause de l'avilissement des hommes, c'est l'avilissement de la femme, et la première cause de l'avilissement de la femme, c'est son ignorance.

Paul THOUZERY.

La femme, douée des mêmes facultés intellectuelles et morales que l'homme, destinée par la nature à être sa compagne, doit puiser à la même source d'enseignement et d'éducation, les connaissances qui lui permettront de comprendre, par l'intelligence et par le cœur, l'associé et le compagnon de sa destinée.

J.-C. COLFAVRU.

Que l'on ne prétende pas, suivant le préjugé si répandu, que la femme instruite reculera devant ses devoirs de mère et d'épouse ; c'est tout l'inverse qu'il faut dire.

Caroline DE BARRAU.

Être instruite, savante, utile, acquérir des convictions, les communiquer à autrui, employer ses forces et les bien employer, cela est quelque chose... Mettez en regard notre oisiveté vide de la province, l'ennui de nos dames, la vie d'une vieille demoiselle qui élève des serins, colporte des commérages, fait du crochet et suit tous les offices. On croit en France que si une femme cesse d'être une poupée, elle cesse d'être une femme.

H. TAINE.

Dans aucune des maisons que j'ai vues à

Londres ou à la campagne, je n'ai trouvé un journal de modes. Un de mes amis anglais, qui a vécu en France, me répond qu'ici une femme bien élevée ne lit pas de telles platitudes. Tout au rebours, une revue spéciale, la *Revue des femmes anglaises* (British Women Review) contient dans le numéro que je feuillette, des documents et des lettres sur l'émigration en Australie, des articles sur l'instruction publique en France, et autres études aussi graves; pas de romans, ni de causeries sur les théâtres, ni de courrier de modes, etc.

Tout est sérieux, solide, voyez par contraste, chez nous, dans un château de province, les journaux de modes avec gravures enluminées, modèles de la dernière forme de chapeaux, explications d'un point de broderie, petites historiettes sentimentales, compliments doucereux aux lectrices, et surtout la correspondance de la directrice et des abonnées à la dernière page; chef-d'œuvre de grotesque et de fadeur. Il est honteux qu'une intelligence humaine puisse digérer une telle pâture.

Mieux vaut avoir une robe mal faite qu'une tête vide.

H. TAINE.

Vous, femmes riches, vous, femmes du monde, comment s'emploie votre vie ? Ne se résume-t-elle pas tout entière en visites, en plaisirs, en toilettes ? Quelles sont vos occupations sérieuses ? Vous n'avez pourtant que la surveillance de vos maisons ; un grand temps ne doit-il pas vous rester ?

L'intelligence est comme la terre, elle demande à être incessamment cultivée.

Vous lisez des romans, de petits journaux. Lit-on autre chose, me direz-vous ? Non ! mais la conduite de la vie ne doit pas être une imitation servile. Faites, autant que possible, mieux que les autres. Les lectures sérieuses ont seules de l'intérêt.

Maria DERAISMES.

Je vous déclare, moi, que le monde des gants de paille, des jupons empesés, des cheveux passés au fer, des révérences et des grimaces, ne forme rien du tout, du moins dans le sens que nous attachons à ce mot. On dit encore : son mari la formera. Sottise! Le mari ne forme pas sa femme. Sortant lui-même d'une vie frivole, n'ayant que des mœurs relâchées, il a beaucoup de peine à se contenir dans cette vie nouvelle et tranquille qu'on appelle le ménage.

Maria DERAISMES.

On répète sans cesse que le pédantisme est le fait des femmes savantes; je répondrai d'abord que le pédantisme est une maladie commune aux deux sexes, et que les pédants, presque toujours, sont ceux qui savent le moins ou qui savent peu.

Maria DERAISMES.

Il est peu de personnes qui se doutent combien on rencontre communément, parmi les prolétaires, des femmes d'une intelligence remarquable ; chez presque toutes, il existe des qualités et des vertus qu'on chercherait vainement dans les rangs des classes supérieures.

A treize ou quatorze ans, les filles de l'ouvrier pourvoient déjà par le travail à leur subsistance ; elles continuent à exercer leur état après le mariage, et souvent alors ce sont celles qui font vivre toute la famille sans cesser de s'occuper pour cela des enfants, du ménage et du mari.

Il faut avoir été témoin de l'activité de ces femmes, de leur bon sens à apprécier toute chose, selon sa véritable importance, de leur patience à supporter les peines morales et physiques dont elles sont accablées, de la sympathie qu'elles témoignent pour celles d'autrui.

Il faut, dis-je, avoir vécu de leur vie de souffrance et d'héroïsme, pour s'en faire une juste idée.

La douleur commence pour elles avec l'existence, et ne les quitte qu'au tombeau.

Flora Tristan.

Les femmes sont peut-être plus propres que l'homme à l'administration. Leurs habitudes sédentaires et le soin qu'elles mettent en tout, leur goût naturel de satisfaire, de plaire et de contenter, en font d'excellents commis.

On s'en aperçoit dès aujourd'hui dans l'administration des postes. La Révolution, qui renouvelait tout, en lançant l'homme dans les carrières actives, eût certainement employé la femme dans les carrières sédentaires.

J. MICHELET.

Partout ailleurs que dans la classe aisée, la femme est née au milieu du travail, elle y a sa place, elle y prend sa part, dans les champs, dans la ferme, au métier, et elle doit se glorifier de le faire, car là seulement, elle est dans le juste et dans le vrai.

Caroline de BARRAU.

Chaque femme doit pouvoir se marier ou ne point se marier, sans avoir à donner du parti qu'elle suit d'autre raison que la décision de sa conscience.

Mais ce qu'il n'est pas possible d'admettre, c'est que la femme ait jamais le droit de rester oisive; libre de choisir sa tâche, *elle ne doit pas l'être de n'en choisir aucune.*

Caroline de BARRAU.

Il faut que l'éducation morale, régénérée,

enseigne aux jeunes filles que le travail est un honneur aussi bien qu'un devoir dont elles ne peuvent s'affranchir, et qui doit remplir leur vie.

Caroline de BARRAU.

Jamais on ne le répétera assez haut : il n'y a pas de société vivante sans la vertu des femmes, il n'y a pas de vertu des femmes sans le travail des femmes.

Jules SIMON.

Nous avons beau nous vanter de démocratie et d'égalité, il reste dans notre Société un affranchi qui n'est pas entièrement réhabilité : c'est le travail. Travailler pour vivre n'est pas un honneur pour une femme, c'est une déchéance. Il nous manque encore le respect d'une des plus saintes choses de ce monde : le respect du pain gagné.

E. LEGOUVÉ.

Dans la région moyenne de la société, la

femme partage souvent les occupations du mari; le commerce en fournit l'exemple; mais dans la haute sphère, elle y est complétement étrangère : il lui reste la direction de sa maison et de ses enfants.

Le plus souvent elle se décharge d'une grande partie de ses soins sur des gens salariés, intendants, précepteurs, gouvernantes; libre de toute entrave, elle se voue aux devoirs du monde.

Qu'appelle-t-on devoirs du monde? Consistent-ils à ne manquer ni bals, ni représentations, ni courses, ni concerts, ni aucune exhibition de ce genre; à reproduire la mode sous son côté le plus extravagant, à s'endetter comme la première fille entretenue, à rechercher l'attention et le succès, au risque de compromettre sa dignité et de faire chanceler ses principes? En mainte occasion on le croirait.

Les femmes du monde ne comprennent pas assez qu'elles ne peuvent briller que par les avantages qui leur sont propres : le savoir, l'élévation des idées, un langage élégant, les belles manières qu'une fortune favorable, dès la naissance, leur a permis d'acquérir.

Maria Deraismes.

Il ne s'agit point de savoir si les femmes doivent travailler : la réponse serait trop facile. Ont-elles une force grande ou petite? Si petite qu'elle soit, elle est destinée à un but.

C'est la réponse métaphysique; il y en a une plus simple, que tout le monde a sur les lèvres : les femmes sont faites pour soigner leurs maris et leurs enfants?

Faire un homme, l'amener au complet développement de son corps et de son esprit, quelle grande œuvre, la plus grande de toutes! Être, pour un rude ouvrier, pour un combattant, — nous sommes tous des ouvriers ou des combattants, — le bonheur, la consolation, la résignation, quelle tâche à la fois douce et bienfaisante!

Quand on demande si les femmes doivent travailler, ce n'est point de ce travail-là qu'il s'agit; on veut savoir si, outre leur part et par-dessus, elles doivent prendre encore quelque chose de la nôtre; si, par exemple, les femmes d'ouvriers doivent être des ouvrières, si elles doivent travailler pour de l'argent.

Jules SIMON.

Oui, la femme, aussi bien que l'homme, a le droit de travailler et de gagner, en échange de son travail, le salaire qu'il mérite. Elle en a le droit toujours, et souvent elle en a le devoir, imposé par la plus impérieuse des lois, par la nécessité.

Le préjugé au nom duquel, dans certains cas ou sous certaines formes, lui demeurent interdites, trop souvent encore, les occupations lucratives, n'est qu'un reste de ce faux orgueil de l'oisiveté qui, pendant tant de siècles, a pesé si lourdement sur l'œuvre entière du travail.

On pourrait concevoir encore cette répugnance pour le travail en un temps où, grâce au privilége, ne pas travailler paraissait être le signe de la supériorité sociale. Mais en un temps où, comme dans le nôtre, tous sont égaux devant le droit commun de la concurrence; en un temps où, chacun selon ses mérites et ses efforts, peut monter ou descendre à toute heure tous les degrés de la hiérarchie sociale ; en un temps où le premier titre de noblesse est d'être fils de ses œuvres, et où les plus honorés sont ceux qui ont eu le plus à faire pour s'élever, il n'y a plus de *servile* que la lâche complaisance avec laquelle on continue à porter le joug de conventions surannées ; et la dignité humaine se révolte contre ce prétendu loisir imposé en son nom.

Frédéric Passy.

Dans le rang le plus bas, soit dans nos campagnes, soit dans nos villes, les hommes et les femmes sont ensemble occupés à cultiver la terre, à élever les bestiaux, à préparer ou à fabriquer des étoffes et des vêtements, à employer leurs forces et leurs talents à secourir et à servir les enfants, les vieillards, les infirmes, les fainéants et les faibles.

On ne distingue point parmi eux lequel de l'homme ou de la femme est le maître. Tous les deux le sont. Le pouvoir qui est commun ne se fait point sentir. C'est la force du corps et les dispositions de l'esprit qui distribuent les travaux ; ils ont les mêmes occupations, les mêmes récompenses, les mêmes plaisirs, les mêmes peines : tout est en communauté et en égalité.

Mme DE COICY.

Quelle est aujourd'hui l'existence des femmes? Elles ne vivent que de privations, même dans l'industrie où l'homme a tout envahi, jusqu'aux plus minutieuses fonctions de la couture et de la plume, tandis qu'on voit des femmes s'escrimer aux pénibles travaux de la campagne. N'est-il pas scandaleux de voir des athlètes de trente ans accroupis devant un bureau ou bien voiturant avec des bras velus une tasse de café, comme s'il manquait de femmes pour vaquer aux vétilleuses fonctions des bureaux et du ménage.

Ch. FOURIER.

Quels sont donc les moyens de subsistance pour les femmes privées de fortune? La quenouille ou bien leurs charmes, quand elles en ont. Oui, la prostitution plus ou moins gazée, voilà leur unique ressource, que la philosophie leur conteste encore : voilà le sort abject auquel les réduit cette civilisation, cet esclavage conjugal qu'elles n'ont pas même songé à attaquer.

Ch. Fourier.

Il est une considération qui m'a souvent frappé à propos des femmes de la classe ouvrière et de l'insuffisance de leurs moyens d'existence. Les hommes ont graduellement et successivement usurpé tous ceux d'entre les métiers qui naturellement appartenaient aux femmes, qui pouvaient offrir des produits suffisants : on ne leur a laissé que ceux qui n'ont pas paru mériter d'être pris, c'est-à-dire ceux qui ne peuvent nourrir et entretenir les malheureuses qui les exercent.

Alph. Karr.

Le commerce est le domaine légitime des femmes. Pourtant, là encore elles se voient disputer le peu de métiers qui leur sont permis. On parle souvent de la concurrence que les femmes font aux hommes; mais que dira-t-on donc de celle que les hommes font aux femmes?

Je le demande à tous les gens de cœur, que font dans les magasins de soieries et de nouveautés ces grands jeunes gens qui exercent à auner des étoffes et à débiter des rubans des bras qui peuvent manier l'outil et porter le sabre? Croirait-on qu'il y a des hommes couturières, des hommes lingères, des hommes marchandes de modes? Arrière, messieurs, arrière! Non-seulement vous n'êtes pas à votre place, mais vous usurpez celle d'autrui.

E. Legouvé.

La femme aujourd'hui est-elle vraiment, en tant que personne humaine, traitée en égale de l'homme?...

Je me borne à une seule question : Quelle éducation reçoivent les femmes? Vous les traitez comme vous traitez le peuple.

A elle aussi vous laissez la vieille religion qui ne vous convient plus. Ce sont des enfants à qui l'on conserve le plus longtemps possible le maillot, comme si ce n'était pas là le bon moyen pour les déformer, pour détruire à la fois la rectitude de leur esprit et la candeur de leur âme. Que fait d'ailleurs la société pour elles? De quelles carrières leur ouvre-t-elle l'accès?

Et pourtant il est évident, pour qui y réfléchit, que nos arts, nos sciences, nos industries feront autant de progrès nouveaux quand les femmes seront appelées, qu'ils en ont fait, il y a quelques siècles, quand les serfs ont été appelés.

Vous vous plaignez de la misère et du malheur qui pèsent sur vos tristes sociétés, abolissez les castes qui subsistent encore; abolissez la caste où vous tenez enfermée la moitié du genre humain.

Pierre Leroux.

Si nos filles se stérilisent d'une manière ou d'une autre, si elles ne font pas leurs devoirs envers la patrie et l'humanité, c'est que sûrement la patrie et l'humanité ne font pa leurs devoirs envers elles.

Nous leur refusons la vraie instruction et les moyens de s'instruire. Leur travail leur procure à peine de quoi soutenir leur vie, nous leur ôtons leurs maris, leurs soutiens naturels, pour l'armée et le sacerdoce, nous ne nous occupons ni de leur enfance, ni de leur vieillesse.

Avons-nous le droit de leur défendre d'user et d'abuser de leur jeunesse, d'user et d'abuser de leur beauté et de leur grâce pour vivre un matin, la vie d'une rose cueillie ou brisée?...

Et si ce vice, ce manque au devoir, qui est l'effet d'une organisation sociale plus vicieuse encore, réagit sur nous, trouverons-nous un remède efficace et patent contre le mal qui n'est qu'un signe éclatant de la loi de solidarité?...

Alexandre Weill.

I

Il semble que la vertu d'une femme soit dans ce monde un étranger contre lequel tout conspire : l'amour séduit son cœur ; elle doit être en garde contre la surprise des sens ; quelquefois l'indigence, ou d'autres malheurs encore plus cruels, l'emportent sur toute la fermeté d'une âme trop longtemps éprouvée ; il faut qu'elle succombe.

Le vice vient alors lui offrir des secours intéressés, d'autant plus dangereux qu'il se montre sous le masque de la générosité. Le malheur les accepte, la reconnaissance les fait valoir, et une vertu s'arme contre l'autre. Environnée de tant d'écueils, si une femme est séduite, ne devrait-on pas regarder sa faiblesse plutôt comme un malheur que comme un crime.

DUCLOS.

Hélas ! tout est souffrance pour le pauvre ! La jeune fille mal vêtue qui rencontre à chaque instant des femmes couvertes d'habits somptueux, en reste longtemps pensive. Et savez-vous ce que lui disent les reflets soyeux de ces tissus magnifiques, le luxe de ces garnitures, l'étincelant éclat de ces bracelets, le son clair et gai de ces bijoux précieux qui s'entre-choquent à tous les pas de la femme élégante : « Tu es aussi jolie... tu es plus jolie !... Pourquoi cette chétive robe d'indienne sous laquelle tu frissonnes ?... pourquoi ce petit châle d'étoffe grossière autour de ta taille élancée ?... pourquoi ce bonnet misérable sur tes beaux cheveux ?... Si tu voulais... » — *Si tu voulais !* parole de feu qui tombe sur un cœur déjà troublé ; parole que lui répète chaque étalage de modiste, chaque splendide magasin que la foule assiége, chaque regard admirateur qui glisse sur elle ;

parole qui retentit le soir dans son froid réduit; parole qu'au jour de la lutte Satan lui crie de ses mille voix : *Si tu voulais !* — Elle frissonne... et puis, la pauvre enfant, elle écoute... et puis, elle *sent*.

Qui d'entre nous osera dire qu'il n'est pas coupable du déshonneur de cette jeune fille ?

Mme Agénor de Gasparin.

La femme est beaucoup moins responsable de ses déterminations et de ses actes que l'homme, parce qu'elle est moins libre.

J. Labbé.

Il y a, dans le tableau que présente une jeune fille abandonnée par son séducteur, je ne sais quoi d'imposant et de sacré : ce sont des serments ruinés, de saintes confiances trahies; et, sur les débris des plus aimables vertus, l'innocence en pleurs, doutant de tout, en doutant de l'amour d'un père pour son enfant.

Balzac.

On vous demande d'être *juste* et d'user envers la femme de la même mesure qu'envers l'homme.

Charles Lemonnier.

Puisqu'on exclut si souvent l'amour du mariage, puisque nos usages trouvent juste qu'une jeune fille de dix-huit ans, pleine de chaleur d'âme, ne cherche dans celui qu'elle épouse qu'une affection calme et paterne, comment s'étonner que le jour où elle entend le langage de la passion dans la bouche d'un homme jeune comme elle, elle s'oublie et se perde ?

E. Legouvé.

Il est telle femme qui a succombé, parce que succomber, c'est se sacrifier ! Je ne connais pas de mari qui puisse donner une telle excuse.

E. Legouvé.

Il y a de l'injustice aux hommes à punir

les femmes des faiblesses qu'ils s'efforcent de leur inspirer.

Mme DE LAMBERT.

Ce n'est pas la femme qui est mauvaise, c'est le milieu dans lequel on la parque. Ce n'est pas le mariage qui est mauvais, c'est la façon dont on s'y prépare, dont il est compris.

Mme V. V.

Les femmes ne peuvent faire tous les maux dont on les accuse, que les hommes ne soient leurs complices : ils sont donc pareillement à blâmer ; et si, dans l'adultère la faute est égale, pourquoi la peine ne l'est-elle pas ? Le crime rend égaux tous ceux qu'il associe.

Mme DE SARTORY.

Nous accablons les prostituées de nos duretés et de nos mépris. Il n'existe pas de lois pour elles, pas de protection sociale ! Ni égards, ni pitié, ni échange de sentiments humains ! On oublie la civilisation quand il s'agit d'elles, on revient à l'ancienne férocité. Je le veux bien, si cela part d'un grand sentiment de vertu, et si on ne commence pas, avant de les mépriser et de les écraser, par se faire leur complice. C'est le complice qui est le lâche, puisqu'il insulte à son propre crime ; c'est lui qui est profondément vicieux, puisqu'il l'est sans excuse. La malheureuse a cédé à la faim...

Jules SIMON.

Il n'appartient qu'à un lâche de faire à une femme un déshonneur de son amour, puisqu'elle ne peut vous faire un déshonneur du vôtre.

Mme DE LAMBERT.

Il est impossible que, dans un pays, les femmes soient vertueuses si les hommes y sont débauchés.

Maria DERAISMES.

La majorité des femmes honnêtes admet la prostitution comme une nécessité sociale ; elles tolèrent et encouragent les mœurs libres des hommes.

Les femmes honnêtes acceptent cet inqualifiable compromis qui base leur honneur sur le déshonneur de leurs sœurs suivant la nature ; déshonneur qu'elles pensent être une garantie pour leur vertu personnelle.

Maria DERAISMES.

Est-il admissible qu'une mère vertueuse trouve tout naturel que les classes humbles fournissent à monsieur son fils des filles de bonne volonté pour le faire patienter jusqu'à un riche mariage ?

Est-il admissible qu'elle ne se demande pas, lorsqu'elle voit défiler le triste cortége des enfants trouvés, si, par hasard, il n'y aurait pas là quelque petit-fils oublié à dessein, dont on lui aurait caché la naissance ?

Maria DERAISMES.

Rien n'est plus illogique, plus impolitique et plus exorbitant que d'absoudre, d'innocenter l'homme de ses faiblesses et de rejeter toute la responsabilité sur sa complice.

Cette maladresse est fréquemment commise par les femmes de bien ; elles maudissent la femme égarée et donnent leur considération à ceux qui l'égarent et qui en bénéficient. Elles croient augmenter leur mérite et donner plus de relief à leur vertu, en accablant toute femme qui en manque. Elles ne voient pas que la corruption de la femme, l'exploitation qu'elle fait de sa personne sont dues, en grande partie, à son infériorité sociale qui la met dans l'impossibilité de se faire une position par elle-même.

Et comme la majorité des femmes de bonnes mœurs appartient aux classes aisées, parce que la vertu dans ces conditions y est infiniment plus facile à pratiquer, les femmes honnêtes ne se rendent pas compte de la différence énorme qu'il y a entre faire sa vie ou bien la trouver toute faite ; entre avoir été élevée, protégée, surveillée, enseignée, conseillée, ou bien avoir été livrée à ses propres instincts et au danger des mauvais exemples.

Maria Deraismes.

Si peu enviable que soit le sort de la femme mariée, que dire du sort réservé à la vieille fille !

Souvent il n'a manqué, à cette déshéritée, qu'un peu d'argent, pour devenir épouse et mère. Souvent elle a vu passer près d'elle celui dont, dans son cœur, elle se serait crue fière de porter le nom ; et elle n'a pu faire un pas en avant, elle a dû commander même à son regard, car un pas, un regard, l'exposeraient à de grossières insultes ou à de cruelles railleries.

Tel est, en effet, l'état des mœurs, que le libertinage trouve indulgence, et l'amour vrai moquerie.

Mme V. V.

En refusant à la vertu le droit d'être un capital, vous avez donné au vice le droit d'en être un. Maladroits ! Quand une nation chrétienne, catholique même, quand un peuple qui invoque toujours sa révolution de 89, qui veut la justice, la liberté, l'égalité, non-seulement pour lui, mais pour les autres, est assez hypocrite, assez lâche, assez stupide pour permettre que des milliers de filles jeunes, saines, belles, dont il pourrait faire des auxiliaires intelligentes, des compagnes fidèles, des mères fécondes, ne soient bonnes qu'à faire des prostituées avilies, dangereuses, stériles, ce peuple mérite que la prostitution le dévore complétement.

Alexandre DUMAS fils.

La morale des femmes est toujours fondée sur des principes arbitraires; leur honneur n'est pas le vrai honneur, leur décence est une fausse décence; tout leur mérite et toute la bienséance de leur état consistent dans la diminution et le travestissement des sentiments naturels qu'un devoir chimérique leur prescrit de vaincre, et que, avec tous leurs efforts, elles ne sauraient anéantir.

Du moment qu'une jeune femme entre

dans le monde, tout conspire contre elle et contre sa vertu ; on dirait que toute la société est intéressée à sa perte ; aussi, ce n'est que par le plus grand des miracles qu'elle peut échapper aux piéges tendus de tous côtés à sa simplicité et à son innocence.

Quand on réfléchit de bonne foi sur les malheurs inséparables de cette situation, bien loin de dire du mal des femmes, on est tenté de croire qu'elles sont, en général, beaucoup mieux nées que les hommes. Si c'est par un miracle que ce sexe aimable est préservé du naufrage, ce miracle fait honneur aux femmes.

GRIMM.

En France, toute femme qui sollicite, pour peu qu'elle soit encore belle, ou qu'elle sache s'habiller, est à son tour sollicitée.

Une malheureuse ouvrière qui voudrait gagner vingt sous dans son atelier est souvent obligée de subir les insultantes caresses du patron, et, plus souvent encore, celles du contre-maître. Tout au moins elle en subit la proposition. Et comment s'indigner ? Il faut être patiente et résignée. Le pain est à ce prix.

Alfred ASSOLANT.

En France, une fille qui succombe est chassée, poursuivie, vouée d'avance à tous les mépris.

Aux États-Unis et surtout dans les États de la Nouvelle-Angleterre, on la relève, on l'encourage, on la soutient. L'homme seul est puni et méprisé.

Quelle est la meilleure de ces deux méthodes ?

Toute femme, assurément, est responsable de sa chute ; mais est-elle seule responsable ? La loi française, qui n'impose aucun devoir l'homme, est-elle juste et humaine ?

Alfred ASSOLANT.

La misère des prostituées est telle que, dans un dépouillement de liste des filles inscrites à Paris, parmi plus de 6,000 prostituées, on n'en trouva que deux qui eussent pu vivre de leur travail ou de leurs revenus. L'une d'elle lutta trois jours contre les tortures de la faim avant de se faire inscrire.

Mlle J. V. Daubié.

Pourquoi l'homme déshonore-t-il si facilement la femme?

Parce que rien ne protége la femme.

Pourquoi abandonne-t-il si facilement l'enfant?

Parce que rien ne protége l'enfant.

Alex. Dumas fils.

Le jour où la société déclarera que l'honneur d'une femme et la vie d'un enfant sont des valeurs comme une douzaine de couverts ou un rouleau d'or, les hommes les regarderont à travers les vitres sans oser les prendre, et l'idée leur viendra de les acquérir et non de les voler. Au lieu de déshonorer les filles, on les épousera; au lieu d'en faire des victimes, on en fera des alliées. De la condescendance des lois naît la facilité des mœurs.

Alexandre Dumas fils.

Vous dites à l'enfant qui ment : C'est mal de tromper ; tu ne voudrais pas qu'on te trompât.

Vous dites à l'enfant qui dérobe : C'est mal de voler ; tu ne voudrais pas qu'on te volât.

Vous dites à l'enfant qui abuse de sa force, de son intelligence pour tourmenter son compagnon plus jeune : Tu ne voudrais pas qu'on te fît ces choses ; tu es un méchant et un lâche.

Voilà de bonnes leçons. Pourquoi donc alors, quand l'enfant est devenu jeune homme, dites-vous : *Il faut que les jeunes gens jettent la gourme du cœur ?*

Jeter la gourme du cœur, c'est tromper des jeunes filles, perdre leur avenir, pratiquer l'adultère, entretenir des lorettes, fréquenter le lupanar.

Mme Jenny P. d'Héricourt.

Quelle sotte chose que l'opinion publique! Un homme de trente ans séduit une jeune personne de quinze ans : c'est elle qui est déshonorée.

CHAMFORT.

Je voudrais bien qu'il fût reçu qu'un homme qui a séduit une femme, afin de se ménager le plaisir de la déshonorer, fût déshonoré plus qu'elle.

RASPAIL.

Si le nombre des *prostituées* est considérable, le nombre des *prostitués* l'est bien plus. Mais l'homme, sur ce point, est irresponsable. Par une étrange anomalie, il est irresponsable, lui, déclaré majeur; elle est responsable, elle, déclarée mineure. Si la fille qu'il a abandonnée, poussée par la honte ou par la misère, se défait de l'enfant qu'il a créé, il figurera dans le procès comme témoin à charge et sortira de là sain et sauf pour aller joindre sa voix, en quelque autre occasion moins scabreuse, au verdict de l'opinion, contre ces malheureuses si dignes de mépris.

André Léo.

La Convention rendit sur les filles-mères ce décret célèbre : « *Toute fille qui, pendant dix ans, soutiendra, avec le seul fruit de son travail, son enfant illégitime, aura droit à une récompense publique.* »

La philosophie s'est fort indignée contre ce décret ; les politiques l'ont flétri comme une prime donnée à la débauche ; la raillerie l'a même frappé de ridicule ; nous avouerons sans crainte qu'il nous paraît admirable.

E. Legouvé.

On nous oppose toujours les fâcheuses conséquences de la loi anglaise qui permet la poursuite du séducteur.

Eh ! si la loi anglaise est mal faite, refaites-la ; refaites-la jusqu'à ce qu'elle soit bonne ; et, quand elle ne devrait jamais l'être complétement, établissez-la ; car, au-dessus des inconvénients de telle ou telle disposition, au-dessus des obstacles qui surviennent dans la pratique, au-dessus des sociétés mêmes, s'élèvent des principes qui veulent être respectés à tout prix, et, le plus sacré de ces principes, c'est la pureté de l'âme humaine.

E. LEGOUVÉ.

Le monde a des susceptibilités de délicatesses si exquises, qu'un homme croirait manquer à l'honneur en épousant une femme déshonorée par lui.

E. LEGOUVÉ.

..... Pourquoi a-t-elle tué son enfant, cette malheureuse ?

Ce n'est point par égoïsme, par calcul, par fureur ; non, elle l'a tué pour l'arracher à la faim ; elle l'a tué parce qu'elle l'aimait.

Son crime n'a été que le désespoir de la tendresse.

Mais lui, l'inconnu maudit, lui qui a abandonné sa fille et la mère de sa fille, lui qui n'a pas même assuré à la pauvre petite créature la première goutte d'eau qui devait la nourrir, il n'a commis son atroce action que par avarice et par ingratitude ; et la loi l'absout, et la loi ne le recherche même pas.

E. Legouvé.

Pour un quart des femmes françaises, la maternité est un calvaire sanglant qu'elles gravissent à genoux et la croix sur le dos.

E. Legouvé.

A chacun la responsabilité de ses actes, voilà une maxime devant laquelle un bon législateur ne doit jamais reculer.

Absoudre un coupable, sous prétexte qu'il y aurait quelques inconvénients ou même quelques dangers à rechercher son délit ou son crime, c'est de la lâcheté, ce n'est pas de la justice ; et, si un intérêt quelconque doit en souffrir, ce n'est pas seulement de la lâcheté, c'est un crime social.

Or, ce principe absolu : « la recherche de

la paternité est interdite, » me paraît devoir être classé dans cette catégorie.

Me MARIE,

Ancien bâtonnier de l'ordre des avocats.

Avant la Révolution, le séducteur n'était pas au-dessus des lois. La loi l'atteignait pour bien des cas. Quand une honnête fille accusait un homme de l'avoir séduite et que cette dénonciation était corroborée par des preuves probantes, le juge condamnait le séducteur à faire une rente à la mère et à l'enfant, à l'enfant surtout qui était, en bien des cas, autorisé à porter le nom de son père. La collection de nos anciennes lois contient plusieurs jugements de ce genre qui variaient selon les coutumes des provinces. Depuis la proclamation de l'*égalité*, la femme seule subit les atteintes de la loi.

L'homme, par son privilége sans nom, lui échappe.

Alexandre WEILL.

Celui qui a inventé cette sentence : *la recherche de la paternité n'est pas permise*, a commis un crime de lèse-justice et de lèse-humanité.

Elle n'a pas peu contribué à la corruption des mœurs. Et il en sera ainsi aussi longtemps que les hommes seuls seront chargés de faire les lois concernant le mariage et l'amour. Toujours ils feront glisser le fardeau de leurs fortes épaules pour le lier sur les faibles têtes des femmes. Ce seront toujours des lois inspirées par le droit du plus fort.

Alexandre WEILL.

« Il y a vingt ans, monsieur, vous souvenez-vous ?... vous étiez fort et j'étais faible... vous aviez pour vous le nom, la position, le prestige, l'amour que je vous inspirais et l'amour que j'avais pour vous... J'aurais dû résister... Ah ! mais vous ne savez donc pas ce qu'il y a de séductions pour une pauvre fille déshéritée de toutes les joies de la vie, dans l'amour d'un monde supérieur au sien ? Un homme élégant, brillant, titré, riche, mais pour cette fille qui ne peut légitimement prétendre qu'à l'amour d'un ouvrier aux mains calleuses et au langage grossier... cet homme, c'est un Dieu... Ceci enivre, voyez-vous... On perd la tête... On est à sa merci... On sait bien qu'il ne vous épousera pas... Le sait-on seulement?... A-t-on assez de sang-froid pour raisonner?... Ne savez-vous donc pas, vous autres hommes, qu'il y a au fond du cœur de toute créature humaine, un désir immense de bonheur, et qu'il y a une heure dans toute vie où cela emporte tout le reste... Mais si, vous le savez... vous savez que c'est là notre faiblesse... et voilà ce que vous exploitez quand vous vous servez contre nous de vos avantages... et voilà pourquoi vous êtes des lâches... des lâches... des lâches... »

Louise Audebert.

Si l'on nous disait qu'il existe un pays où la chasteté est mise à un si haut prix pour les femmes qu'on l'appelle leur honneur ; si l'on nous disait que la perte de cette vertu, anéantissant toutes les autres aux yeux du monde, flétrit non-seulement la coupable, mais sa famille, et qu'on a vu des filles tuées par leurs pères rien que pour cette faute ; si l'on ajoutait que cette faute, lorsque la femme est mariée, la conduit devant les tribunaux ; lorsque la femme est servante, la fait chasser de sa place... ; lorsque la femme est riche, la condamne souvent au célibat... ; si l'on nous disait de plus que, dans cette contrée, les femmes sont jugées si légères d'esprit et si faibles de caractère, qu'elles restent mineure pendant tout le temps de leur mariage ; si l'on vous apprenait que, chez ce peuple, la jeunesse des hommes n'a qu'un but, ravir cette vertu aux femmes; que tous, pauvres et riches, beaux et laids, nobles et roturiers, jeunes et vieux... se précipitent à la poursuite de cette vertu, comme des limiers sur une bête de chasse ; qu'enfin, par un contraste bizarre, le même monde, qui accable d'anathèmes les femmes lorsqu'elles succombent, élève sur une sorte de pavois ceux qui les font succomber... ; certes, si un tel tableau nous était offert... nous dirions : Le législateur n'aura eu qu'une pensée, défendre la femme contre l'homme et contre elle-même ; voyant d'un côté tant de périls, tant de faiblesses et tant de souffrances expiatrices, de l'autre tant de puissance et d'impunité, il se jettera entre le corrupteur et sa victime ; armé pour ceux qui sont désarmés, il rétablira énergiquement les droits de la justice et de la pudeur...

Voilà le langage que tout honnête homme prêterait au législateur ; — voici ce que dit notre Code :

La fille, dès l'âge de quinze ans, répond seule de son honneur.

Toute séduction est impunie.

Toute corruption est impunie.

Toute promesse de mariage est nulle.

Les enfants naturels restent à la charge de la mère.

Un tel abandon de la pudeur publique ne se trouve chez aucun peuple civilisé, ni même barbare.

E. Legouvé.

VII

Notre loi civile est, au sujet de la femme, un modèle d'absurdes contradictions.

Suivant la loi romaine, la femme vivait perpétuellement en tutelle : au moins dans cette législation tout était en parfait accord ; la femme y était toujours mineure.

Nous, nous la déclarons, dans une multitude de cas, aussi libre que l'homme. Pour elle, plus de tutelle générale ou de fiction de tutelle ; son âge de majorité est fixé ; elle est apte par elle-même à hériter ; elle hérite par parties égales ; elle possède et dispose de sa propriété ; il y a même plus, dans la communauté entre époux, nous admettons la séparation de biens. Mais est-il question du lien même du mariage, où ce ne sont plus des richesses qui sont en jeu, mais où il s'agit de nous et de nos mères, de nous et de nos sœurs, de nous et de nos filles, oh ! alors nous sommes intraitables dans nos lois, nous n'admettons plus d'égalité ; nous voulons que la femme se déclare notre inférieure, notre servante, qu'elle nous jure obéissance.

Pierre Leroux.

Vraiment nous tenons plus à l'argent qu'à l'amour ; nous avons plus de considération pour des sacs d'écus que pour la dignité humaine : car nous émancipons les femmes en tant que propriétaires ; mais en tant que nos femmes, notre loi les déclare inférieures à nous.

Pierre Leroux.

L'esclavage des femmes noires est aboli en Amérique, mais l'esclavage des femmes blanches continue en Europe; les lois sont toujours faites par les hommes de manière à tyranniser partout les femmes.

Victor Hugo.

La femme mariée est classée au rang des mineures, par conséquent des incapables.

Elle ne peut rien sans l'autorisation de son mari tant qu'elle désire faire le bien; mais, contradiction flagrante! cette mineure, cette incapable, devient subitement responsable de l'honneur de sa famille, lorsqu'elle a commis une faute.

Traitées en mineures pour nos biens, en majeures pour nos fautes, voilà où nous en sommes encore.

Mme V. V.

Livrer au mari la fortune de la femme, c'est la condamner elle-même à une éternelle minorité morale, c'est le créer, lui, maître absolu des actions et presque de l'âme de sa compagne.

E. Legouvé.

Dans le mariage, la femme est *serve* ;

Devant l'instruction nationale, elle est *sacrifiée* ;

Devant le travail, elle est *infériorisée* ;

Civilement, elle est *mineure* ;

Politiquement, elle *n'existe pas* ;

Elle n'est l'égale de l'homme que quand il s'agit d'être punie et de payer les impôts.

Mme Jenny P. d'Héricourt.

Un fait a toujours frappé les hommes qui réfléchissent, c'est qu'il n'y a pas de majorité pour l'épouse ; la femme, après vingt ans de mariage, est aussi mineure que la jeune fille qui entre en ménage à dix-huit ans.

E. Legouvé.

Quel est le sort de la femme aujourd'hui ? ..... Épouses, elles ne possèdent pas légalement leurs biens, elles ne peuvent pas donner, elles ne peuvent pas recevoir, elles sont sous le coup d'un interdit éternel.

Mères, elles n'ont pas le droit légal de diriger l'éducation de leurs enfants, elles ne peuvent ni les marier, ni les empêcher de se marier, ni les éloigner de la maison paternelle, ni les y retenir.

Membres de la cité, elles ne peuvent être ni tutrices d'un autre orphelin que leur fils ou leur petit-fils, ni faire partie d'un conseil de famille, ni témoigner dans un testament; elles n'ont pas le droit d'attester à l'état civil la naissance d'un enfant!

E. LEGOUVÉ.

Un débauché, un ivrogne vend le lit où dort sa femme, le berceau où couche son enfant, la table où se mange le repas, la huche où se serre le pain, tout, enfin, pour aller en dépenser le prix avec quelque vilaine créature; et lorsque la malheureuse mère, qui voit ses enfants en guenilles et affamés, accourt éperdue chez l'homme de la justice, et lui demande avec désespoir de forcer au moins son mari à leur laisser un grabat, l'homme de loi lui répond : « Le mari peut vendre tous les meubles de la communauté. »

E. LEGOUVÉ.

Puisque la famille est le royaume des femmes, il est juste qu'elles y puissent être reines. Or, sur quoi règnent-elles aujourd'hui ? Sur les enfants ? le père seul exerce l'autorité paternelle. Sur le mari ? le mari est seul chef de la communauté. Sur elles-mêmes ? la femme doit obéissance à son mari. Sur les domestiques ? le chef de la maison peut en chasser ou y introduire qui il veut. Sur les immeubles ? la femme ne peut pas même les administrer. Sur les meubles ? les siens ne lui appartiennent pas. Or, je voudrais qu'on m'expliquât ce que c'est que la famille sans le mari, la femme, les enfants, les domestiques, les immeubles et les meubles.

E. LEGOUVÉ.

Examinons quelle position est faite aux mères.

L'enfant, dit le Code, reste jusqu'à sa majorité sous l'autorité de son père et de sa mère. Rien de plus juste ; mais le législateur ajoute : « Le père exerce seul cette autorité. »

Voilà une rédaction au moins étrange ! Qu'est-ce qu'une autorité qu'on n'exerce pas ?

La loi ajoute : « L'enfant ne saurait quitter la maison paternelle sans la permission de son père. » Rien de plus juste : mais la mère ? Pas un mot sur elle. La loi dit : « Un père à qui son fils donne des sujets de mécontentement très-graves peut le faire détenir pendant un mois. » Rien de plus équitable encore, mais la mère ? Rien pour la mère.

La loi dit : « Les enfants ne peuvent se marier sans le consentement de leurs parents » ; puis elle ajoute : « En cas de dissentiment le consentement du père suffit. »

Ainsi, l'avis de la mère ne vaut ni pour, ni contre ; si elle consent et que son mari refuse, son consentement ne compte pas. Si elle refuse et que son mari consente, son refus ne compte pas davantage. Elle ne peut ni marier sa fille, ni l'empêcher de se marier, ni la préserver d'un choix fatal, ni la soutenir dans un choix heureux.

E. Legouvé.

L'homme trouve mille moyens de se soustraire à la rigueur de ses devoirs d'époux ; la société dédaigne de s'arrêter à ses infidélités, que dis-je ? il peut s'en faire gloire ; l'approbation ne lui manquera pas; le titre d'*homme* à bonnes fortunes lui rapportera au besoin, en jouissances de vanité, de quoi le consoler des atteintes de quelques rares probités grondeuses...

Mais que dire de la femme coupable d'un moment d'oubli? Pour elle plus de repos ; la voilà irrévocablement perdue. Les femmes se détournent d'elle avec insulte ou dédain, quelques-unes avec pitié. Les hommes se croient autorisés à la poursuivre de leurs plus insolents hommages.

Vainement donnerait-elle comme causes de sa conduite, son amour trahi, son foyer devenu solitaire, ses caresses brutalement repoussées, ses larmes raillées, sa couche flétrie, il lui est défendu d'oublier qu'elle est épouse devant celui à qui il est permis d'oublier qu'il est époux.

Et quelle raison donne-t-on pour justifier cette monstrueuse inégalité? Prétendre que l'infidélité de la femme met dans la famille des enfants étrangers, au lieu que les désordres du mari sont sans conséquence pour la famille, n'est-ce pas se jouer de mots? Si le mari n'introduit point par ses désordres des enfants dans sa famille, il en introduit dans celle des autres. Pour la société, considérée dans son ensemble, le résultat n'est-il pas absolument le même?

Louis Blanc.

VII

Dans les mariages mal assortis, les femmes sont moins coupables que les hommes ; il a moins dépendu d'elles de choisir.

Mme de Rieux.

La société dicte à la femme qui se marie une formule de serment. Elle doit jurer d'être fidèle et soumise, c'est-à-dire de n'aimer jamais que son mari et de lui obéir en tout. L'un de ces serments est une absurdité, l'autre est une bassesse.

George Sand.

Le mariage est un contrat également sacré pour l'un et pour l'autre des deux époux, et dont la violation est surtout blâmable chez celui qui, dans la famille, représente le pouvoir et possède la force.

Il est singulier que ceux qui se montrent si rigoureux pour l'être le plus faible se montrent si indulgents pour l'être le plus fort.

Louis BLANC.

Que la société se décide à ne plus faire de l'épouse un être passif et subordonné, qu'elle encourage la mère de famille, qu'elle l'honore dans ses travaux et ses occupations domestiques en la plaçant sur un pied d'égalité civile avec l'homme, et nous verrons considérablement augmenter le nombre des familles où l'affection et le devoir sont les hôtes habituels.

Mme Marie GOEGG.

La soumission ! il y a des applications de mots qui sont des syllogismes inconscients :

Fille soumise!... En effet, c'est le dernier mot du système. D'abdication en abdication, de chute en chute, il aboutit là.

ANDRÉ LÉO.

Notre doctrine, à nous, c'est que le mariage doit être une association sur le pied d'égalité permanente, et que l'indépendance personnelle n'y doit jamais être sacrifiée.

Émile ACOLLAS.

Il n'est pas vrai que, dans toutes les associations volontaires de deux personnes, l'une d'elles doive être maîtresse absolue de l'autre ; encore moins appartient-il à la loi de déterminer laquelle le sera.

STUART-MILL.

Nous avons vu les servitudes de la femme et de la mère mariée.

Mais que cette mère devienne veuve, soudain tout change : elle ne pouvait rien, elle peut tout, comme si le titre de veuve la douait subitement de qualités nouvelles. Elle passe, sans transition, sans préparation, d'une dépendance absolue à un absolu pouvoir sur elle-même et sur ses enfants.

Notre Code accorde à la veuve tous les droits qu'elle refuse à la femme et à la mère mariée; et comment les lui accorde-t-elle? En une seconde! Hier, ce matin, elle ne pouvait pas administrer même ses biens personnels, elle ne pouvait pas faire un bail, elle ne pouvait pas (même séparée de biens) entreprendre un commerce; et, le soir, elle est appelée à diriger, seule, la vie de ses enfants et la sienne! Vous la lancez, ignorante, éperdue, dans toutes les difficultés des affaires, dans tous les embarras d'une administration et d'un gouvernement domestique dont vous l'aviez toujours écartée!

C'est absurde.... et providentiel: car c'est votre condamnation; voilà le droit des femmes écrit dans la loi par vos propres mains!

E. Legouvé.

[illegible], je le sais bien, que, généralement, les mœurs suppléent aux lacunes de la loi; que les bons maris ne sont pas rares et que beaucoup tiennent à cœur de faire honneur à leur engagement. Soit! mais la loi est faite pour les méchants et non pour les bons. Il ne lui suffit pas de ne point empêcher les bons d'être bons, il lui faut surtout empêcher les méchants d'être méchants.

Louise AUDEBERT.

La femme doit être libre et l'égale de l'homme devant le Droit, parce qu'elle est un être humain;

Or elle est mineure, opprimée, souvent sacrifiée;

Donc il y a lieu d'opérer de nombreuses réformes afin que, partout, elle prenne à côté de l'homme sa place légitime.

Toute réforme dans les lois doit être préparée par une réforme dans l'éducation et dans les mœurs;

Or les mœurs se dépravent, le mariage se

corrompt, l'éducation des filles n'a ni base ni pensée;

Donc il faut travailler à l'éducation de l'amour et de la femme, et réformer le mariage, tout en posant et soutenant la revendication des droits de la femme.

Mme Jenny P. d'Héricourt.

La femme qui n'aura pas recherché la consécration légale de son union avec l'homme, et qui aura créé avec ce dernier une famille, conservera dans son intégrité la capacité de sa personne : elle exerce ses droits de mère sans que magistrat ni tuteur interviennent pour en contrôler l'usage, sans que rien limite, diminue, modifie les prérogatives de sa majorité.

Mais si elle appelle la sanction de la loi pour convertir en un contrat civil le lien volontaire et libre de son union, *elle entrera sans retour dans la minorité, dans la subordination, dans la déchéance.*

Où est la raison juridique qui justifie devant le bon sens, devant la morale, la suppression du libre exercice des droits de la femme, le jour où elle entre dans le mariage et aborde les plus graves responsabilités de la vie?

J.-C. COLFAVRU.

IX

La plupart des hommes ne manquent, en théorie du moins, ni de droiture, ni de générosité; ils reconnaîtront volontiers, pour peu qu'ils y réfléchissent un instant, que le droit de la femme est égal, sinon pareil au nôtre, et que la plupart des lois ont été faites contre elles et dans notre seul intérêt.

Alfred ASSOLANT.

L'habitude peut familiariser les hommes avec la violation de leurs droits naturels au point que, parmi ceux qui les ont perdus, personne ne songe à les réclamer, ne croit avoir éprouvé une injustice.

Il est même quelques-unes de ces violations qui ont échappé aux philosophes et aux législateurs, lorsqu'ils s'occupaient avec le plus de zèle d'établir les droits communs des individus de l'espèce humaine, et d'en faire le fondement unique des institutions politiques.

Par exemple, tous n'ont-ils pas violé le principe de l'égalité des droits en privant tranquillement la moitié du genre humain de celui de concourir à la formation des lois, en excluant les femmes du droit de cité ?

Pour que cette exclusion ne fût pas un acte de tyrannie, il faudrait : ou prouver que les droits naturels des femmes ne sont pas absolument les mêmes que ceux des hommes, ou montrer qu'elles ne sont pas capables de les exercer.

CONDORCET.

Si l'être humain est libre par le seul fait de son existence; si la conscience est inviolable ; s'il n'existe point de juridiction pour la pensée; et si la justice enfin ne se réalise que dans l'être vivant et conscient, quelle raison alléguer pour exclure la femme du droit inhérent à tout individu de l'espèce humaine?

André Léo.

Dans leurs belles promesses d'affranchissement universel, les Français ont oublié les femmes !... Ils ont affranchi les nègres qui ne sont pas encore civilisés, et ils laissent dans l'esclavage les femmes.... Ils ont affranchi tous les domestiques de la maison, les gens à gages.... et ils n'ont pas songé à affranchir la mère de famille, la maîtresse de la maison : loin de les affranchir, ils les ont annulées.

Mme Émile de Girardin.

Les femmes ont des droits, n'en doutons pas, car elles subissent des injustices.

George Sand.

On éloigne les femmes de la vie publique; on oublie trop que vraiment elles y ont droit plus que personne. Elles y mettent un jeu bien autre que nous; l'homme n'y joue que sa vie, et la femme y met son enfant. Elle est bien plus intéressée à s'informer, à prévoir. Dans la vie solitaire et sédentaire que mènent la plupart des femmes, elles suivent de leurs rêveries inquiètes les crises de la patrie, les mouvements des armées....

J. MICHELET.

« Tous les Français sont égaux devant la loi. »

Ce premier article du Code, qui parle de tous les Français, ne dit pas un mot des Françaises.

On ne sait, après avoir lu, si elles sont au-dessus de la loi, ou bien hors la loi; et jusqu'ici personne ne s'est aperçu de cette bizarrerie, ou voulu y porter remède. Les philosophes, mal peignés pour la plupart, et tous enduits de métaphysique, n'ont rien compris à la question. Les jurisconsultes l'ont embrouillée, les politiques l'ont dédaignée; les poëtes, gens irritables et nerveux, qui tantôt adorent les femmes et tantôt voudraient leur tordre le cou, n'ont fait que divaguer.

Alfred Assolant.

La loi doit reconnaître et garantir aussi énergiquement le droit de la mère que celui du père.

Émile Acollas.

Rendons aux femmes la liberté, puisque la liberté est la vérité! ce sera du même coup affranchir les hommes. Une servitude crée toujours deux esclaves : celui qui tient la chaîne et celui qui la porte.

E. Legouvé.

De deux choses l'une :

Ou bien l'on circonscrit la vie des femmes dans l'enceinte du foyer domestique, et l'on proclame que là est leur royaume; alors, au nom de la *différence*, nous dirons : Si c'est là leur royaume, elles doivent donc y être reines; leurs facultés propres leur y assurent donc l'autorité, et leurs adversaires sont forcés, par leurs propres principes, de les émanciper comme filles, comme épouses, comme mères.

Ou, au contraire, on veut étendre leur sphère d'influence, leur donner un rôle dans l'État (et nous croyons qu'il leur en faut un); eh bien! c'est encore dans cette dissemblance qu'il convient de le chercher. Lorsque deux êtres se valent, c'est presque toujours parce qu'ils diffèrent, non parce qu'ils se ressemblent. Loin de déposséder les hommes, la mission des femmes sera donc de faire ce que les hommes ne font pas, d'aspirer aux places vides, de représenter enfin dans la cité l'esprit de la femme.

E. LEGOUVÉ.

Toute action directe, toute participation aux affaires publiques, étant interdite aux femmes, le talent n'est pour elles qu'une excitation vaine; la célébrité les condamne à un isolement retentissant.

Mme D'AGOUT.

La femme naît libre et demeure égale à l'homme en droits...

Le principe de toute souveraineté réside essentiellement dans la nation, qui n'est que la réunion de la femme et de l'homme...

Toutes les citoyennes, comme tous les citoyens, doivent concourir personnellement ou par leurs représentants à la formation de la loi. Elle doit être la même pour tous. Toutes les citoyennes et tous les citoyens, étant égaux à ses yeux, doivent être également admissibles à toutes les dignités, places et emplois publics, selon leurs capacités, et sans autres distinctions que celles de leurs vertus et de leurs talents.... La femme a le droit de monter à l'échafaud, elle doit avoir également celui de monter à la tribune....

Olympe DE GOUGES.

On ne peut alléguer contre le droit électoral la dépendance où les femmes sont de leurs maris, puisqu'*il serait possible de détruire en même temps cette tyrannie de la loi civile*, et que jamais une injustice ne peut être un motif d'en commettre une autre.

CONDORCET.

Tu vois donc, mon cher ami, qu'il n'est pas proprement, dans un État, de profession affectée à l'homme et à la femme à raison de leur sexe ; mais que, la nature ayant partagé les mêmes facultés entre les deux sexes, tous les emplois appartiennent en commun à tous les deux.

PLATON.

Il serait difficile de prouver que les femmes sont incapables d'exercer le droit de cité. Pourquoi des êtres exposés à des grossesses et à des indispositions passagères, ne pourraient-ils exercer des droits dont on n'a jamais imaginé de priver les gens qui ont la goutte tous les hivers et qui s'enrhument aisément ?

CONDORCET.

La femme peut-elle exercer une profession pour entretenir son ménage, de ce moment elle a un intérêt dans l'État, et par conséquent le droit d'intervenir dans la gestion de l'État.

Eugène PELLETAN.

Qui paye l'impôt du sang? La mère.

MICHELET.

Un jour, Bonaparte demandait à madame de Staël, d'un air impertinent :

— Depuis quand les femmes se mêlent-elles de politique?

— Depuis qu'on les guillotine, répondit-elle.

La réponse était fort juste. Aujourd'hui on ne guillotine plus, du moins pour cause politique; mais la loi pèse sur les femmes aussi durement que sur les hommes, et cependant elles n'ont pas le plaisir de l'avoir faite ou d'avoir élu ceux qui la font. Qu'elles puissent du moins la discuter ou l'entendre discuter en leur nom et dans leur intérêt particulier.

Alfred Assolant.

La beauté ne peut pas plus intervenir dans la question des droits de la femme que la force dans celle des droits de l'homme.

L'une et l'autre sont bien des signes distinctifs de l'homme et de la femme; mais ni l'un ni l'autre n'étant des éléments de justice, la justice doit s'établir indépendamment de leur concours.

Que la beauté, que la force, donnent, à l'occasion, un avantage considérable à ceux qui en sont doués, cela est évident; mais qu'elles entravent la consécration d'un droit ou qu'elles puissent être considérées comme une compensation d'un déni de justice, c'est ce que nous ne pouvons admettre.

Une chrétienne.

En quoi le droit des femmes peut-il gêner le droit des hommes? L'un n'annule pas l'autre. Le droit de tous ne peut contrarier que les privilèges, et abolir le privilége, c'est servir la justice, c'est moraliser, et par conséquent progresser.

Maria Deraismes.

Nous réclamons le droit de vote, parce que toute amélioration réelle est sortie de l'exercice de ce droit ; parce qu'il est temps aussi pour nous de n'être plus une *classe;* parce que nous sentons la nécessité d'avoir nos idées représentées dans les conseils, dans les commissions, partout où il y a une discussion humanitaire ; parce que, nous aussi, nous voulons être des citoyennes et partager la tâche des citoyens — nos frères !

Mme Marie Goegg.

Il se développe en Angleterre une croyance, c'est que l'exclusion des femmes de tout privilége politique tend à retarder leur progrès moral et à les stigmatiser d'incapacité générale ; car, quand l'État les déclare incapables d'accomplir les fonctions politiques les plus humbles, il adopte le meilleur moyen possible pour les rabaisser dans leur propre estime et dans l'estime de la société.

Jacob BRIGHT.

Il y a quelques années, en Amérique, avant l'abolition de l'esclavage, les apologistes de la servitude des nègres les déclaraient, par de bruyantes vociférations, impropres à la liberté. L'esclavage fut aboli, et les nègres prouvèrent qu'ils étaient aptes à la liberté ; abolissez l'incapacité électorale des femmes, et elles prouveront elles-mêmes leur aptitude aux franchises.

Mme TAYLOR.

Le droit de suffrage accroîtra le sentiment de responsabilité de la femme, étendra le cercle de ses intérêts, et lui donnera un accroissement de vigueur pour le développement de ses facultés.

M. Robert ANSTRUTHER.

Avons-nous le droit de dire à la moitié du genre humain : Vous n'aurez pas votre part dans la vie et dans l'État ?

N'est-ce pas leur dénier le titre de créatures humaines ? N'est-ce pas déshériter l'État même ?

Qui nous dit que la société, comme la famille, n'a pas besoin, pour marcher au bien, des deux pensées et des deux êtres créés par Dieu ? Qui nous dit qu'un grand nombre des maux qui déchirent notre monde et des problèmes insolubles qui le travaillent n'ont pas en partie pour cause l'annihilation d'une des deux forces de la création, la mise en interdit du génie féminin ?

E. Legouvé.

Je suis convaincu que les droits de l'homme, réclamés par nos pères, veulent dire, non les droits du mâle, mais les droits de l'espèce, et que les droits de l'homme, même dans le sens le plus restreint, ne pourront jamais triompher tant que les droits de la femme seront méconnus.

L'homme est donc intéressé, autant que la femme, à marcher de pair avec elle, et je le trouve bien maladroit dans les dédains qu'il affecte, dans l'exclusion qu'il lui fait subir, dans l'infériorité où ridiculement il voudrait la mettre. Cette infériorité, il faut convenir que les femmes aussi l'acceptent trop facilement.

RASTOUT.

Il n'est pas une seule des questions chères au cœur des femmes dont la solution ne dépende de la liberté politique.

Certes, s'il est une institution qu'elles haïssent, — c'est la guerre.

S'il est un spectacle qui les afflige et les révolte, — c'est celui du sang versé.

Eh bien, qu'elles ne l'oublient pas, — elles pourront haïr, maudire la guerre pendant mille ans encore, sans en être plus avancées, si la transformation politique de l'Europe ne s'accomplit pas.

Qu'elles cessent donc de dire, — comme elles le font, hélas ! trop souvent :

— La politique ? — Cela ne nous regarde pas !

Nous sommes tous solidaires, et rien ne s'accomplit dans l'univers dont le contre-coup, direct ou indirect, immédiat ou lointain, n'atteigne un jour ou l'autre chacun des membres de la famille humaine.

Horace s'écriait un jour :

« Je suis homme, et rien de ce qui touche l'humanité ne m'est indifférent. »

Les femmes font partie intégrante de l'humanité : — elles ont donc autant d'intérêt que l'homme lui-même au triomphe de la justice, qui est le droit au triomphe de la liberté, qui est le bien de tous les êtres doués de sentiment et de raison.

Arthur Arnould.

Aristote a émis cette pensée qu'on a complétement oubliée depuis trois mille ans : c'est que les femmes sont la moitié du genre humain.

Évidemment nos constituants ont oublié

cet aphorisme ; dans la vie civile nous avons fait de la femme la compagne de l'homme, mais en politique on n'a jamais cru que les femmes fussent la moitié du genre humain. La pensée d'Aristote est encore une nouveauté.

Ed. Laboulaye.

Que peut-on objecter au droit électoral de la femme ?

L'homme, dira-t-on, est libre, il est propriétaire, il a des droits. Mais les femmes aussi sont libres, elles peuvent être propriétaires et elles ont des droits.

Le citoyen est intelligent et moral ; la femme n'est-elle ni intelligente ni morale ?

Mais, dira-t-on, la femme est représentée par son mari. Oui, quand elle est mariée ; mais quand elle ne l'est pas ?

Au moyen âge, on ne se faisait nul scrupule de donner des droits politiques aux femmes. Vous en voyez un reste chez nos voisins : c'est une femme qui porte la couronne, et cette femme est un des meilleurs souverains qu'ait eus l'Angleterre.

Ed. LABOULAYE.

La femme, même représentée par son mari, ne jouirait d'aucun droit, puisqu'elle n'aurait aucune garantie de la façon dont son droit serait exercé.

Jeanne MERCŒUR.

Prétendre que politiquement la femme est une mineure perpétuelle, c'est répondre à la question par la question.

Je demande précisément pourquoi elle est une mineure?

Est-ce qu'elle est incapable de s'occuper d'affaires? Il est singulier qu'on puisse soutenir une pareille thèse lorsqu'on a vu à la campagne la fermière, une veuve quelquefois, faisant marcher quinze, vingt garçons de labour, envoyant les uns à l'écurie, les autres aux champs, conduisant tout, menant tout. Eh bien, le jour du suffrage, le pâtre qui conduit les chèvres va voter, la fermière ne vote pas. Pourquoi ? Parce qu'elle n'a pas de barbe ! Je ne vois pas d'autre raison.

Ed. Laboulaye.

En me prononçant pour le suffrage universel, je n'ai tenu aucun compte de la différence du sexe.

Mon opinion est qu'elle n'a rien à faire avec les droits politiques, non plus que la différence de taille ou la couleur des cheveux.

Tous les êtres humains ont le même intérêt à être bien gouvernés ; le bien-être de chacun est également affecté par un bon ou un mauvais gouvernement ; chacun a également besoin d'avoir un suffrage pour en partager les bienfaits.

S'il y a une différence, elle est à l'avantage de la femme, puisque, étant physiquement plus faible, elle a plus besoin de la protection des lois et de la société.

Stuart-Mill.

Il n'est jamais entré dans mon esprit de mettre les femmes sur un niveau inférieur à l'homme dans l'histoire de l'humanité. Non-seulement je crois la femme l'égale de l'homme pour l'esprit, la capacité et la raison, mais elle lui est même supérieure par le sentiment et la vertu.

Alexandre WEILL.

Il faut qu'un homme soit sottement infatué de son sexe pour admettre un instant qu'un être qui l'a formé, qui l'a nourri de son sang, *sa mère*, ou bien qu'un être qui est né de ses entrailles, *sa fille*, lui soit inférieur. Non, mille fois non, l'homme et la femme ne sont que deux faces d'un seul et même être intelligent, et, sous ce rapport, ils sont complétement égaux.

Alexandre WEILL.

. . . . . Dès 1849, dans l'Assemblée nationale, je faisais éclater de rire la majorité réactionnaire en déclarant que *le droit de l'homme* avait pour corollaire *le droit de la femme et le droit de l'enfant.* En 1853, à Jersey, dans l'exil, j'ai fait la même déclaration sur la tombe d'une proscrite, Louise Julien; mais cette fois on n'a pas ri, on a pleuré...

L'équilibre entre le droit de l'homme et le droit de la femme est une des conditions de la stabilité sociale.

Cet équilibre se fera.

Victor Hugo.

Si les femmes ne vont pas sur les champs de bataille, elles donnent des vies plus chères que leur vie propre; et il n'est pas certain qu'il ne soit plus pénible de demeurer dans sa maison, en proie aux angoisses les plus vives, que de se trouver engagé dans la bataille.

Jacob Bright.

Je ne connais aucune raison pour priver les femmes des droits électoraux; et je connais, au contraire, plusieurs raisons établissant que, s'il fallait reconnaître des incapacités électorales, il ne faudrait pas commencer par les femmes.

Jacob Bright.

Nous revendiquons notre place à vos côtés, messieurs, parce que l'identité d'espèce nous donne le Droit de l'occuper.

Nous revendiquons notre Droit, parce que l'infériorité dans laquelle nous sommes tenues est une des causes les plus actives de la dissolution des mœurs.

Nous revendiquons notre Droit, parce que nous sommes persuadées que la femme a son cachet propre à poser sur la Science, la Philosophie, la Justice et la Politique.

Nous revendiquons notre Droit, enfin, parce que nous sommes convaincues que les questions générales, dont *le défaut de solution menace de ruine notre civilisation moderne*, ne peuvent être résolues qu'avec le concours de la femme.

Mme Jenny P. d'Héricourt.

La femme n'étant plus enfermée dans les soins du ménage et des enfants, mais, au contraire, prenant une part toujours croissante à la production de la richesse nationale et individuelle, il est évident qu'elle a besoin de liberté et d'indépendance, et qu'elle doit avoir, dans la famille et les affaires, une tout autre place que par le passé : elle le sent et le sait, il faut encore en prendre son parti et lui faire cette place : LE BON SENS ET LA JUSTICE L'EXIGENT.

Mme Jenny P. d'Héricourt.

Allons, du courage, osons proclamer que l'homme peut avoir tort, que la femme peut avoir quelquefois raison, et introduisons dans la famille le principe fécond et générateur de tous les progrès légitimes, l'association des intelligences.

E. Legouvé.

Que nous importe la tradition? Que nous importe l'histoire? Il est une autorité plus forte que le consentement du genre humain : c'est le DROIT.

Quand mille siècles d'assujettissements viendraient s'ajouter à tous ceux qui sont déjà passés, leur accord ne pourrait abolir le droit primordial qui domine tout, le droit absolu de perfectionnement que chaque être a reçu par cela seul qu'il a été créé.

E. LEGOUVÉ.

CONCLUSION

Ce qu'il faut vouloir.

LA LOI DIT :

La fille, à partir de quinze ans, répond seule de sa vertu.

La séduction n'est pas un délit (1).

La corruption, même d'une fille mineure, n'est pas un délit (2).

(1) La séduction *simple* ne tombe pas sous le coup de la loi, il faut la *violence*. Le VIOL et le RAPT sont des crimes, la séduction n'en est pas un.

(2) Voici le texte exact de la loi : « Quiconque

La recherche de la paternité est interdite.

La recherche de la maternité est permise.

Les enfants naturels sont à la charge de la mère seule.

Toute promesse de mariage est nulle,

aura attenté aux mœurs en excitant, favorisant ou facilitant *habituellement* la débauche ou la corruption d'un individu *au-dessous de l'âge de vingt et un ans*, sera puni d'un emprisonnement de six mois à deux ans, et d'une amende de cinquante à cinq cents francs. » (C. P., 424.) — De sorte que la loi ne punit pas la corruption *accidentelle, isolée;* il faut, pour constituer un *délit*, qu'elle soit une habitude, un métier, qu'elle s'appelle, en un mot, *proxénétisme*. Un jugement du tribunal correctionnel de Niort, du 7 décembre 1861, porte ce qui suit : « Il est de principe et de jurisprudence que l'individu qui a excité à la débauche pour satisfaire ses propres passions n'est point regardé comme coupable par notre législation. » — Nous pourrions multiplier les exemples.

— fût elle suivie de l'abandon d'un enfant.

L'homme, dans le mariage, exerce seul l'autorité paternelle.

Pour marier les enfants, le consentement du père suffit; — si la mère refuse, on passe outre.

Le mari a l'administration des biens personnels de sa femme.

Le mari peut vendre, si cela lui plaît, le mobilier conjugal.

Il peut disposer de tous les effets mobiliers, valeurs, meubles, bijoux, etc., sans consulter sa femme, et cela, même à *titre gratuit*, même au profit d'une *tierce personne*.

La femme ne peut ni faire ni recevoir une donation, fût-ce d'un membre de sa famille, sans le consentement de son mari.

Ne peuvent être tuteurs ni membres d'un conseil de famille : les *mineurs*, les *interdits*, les *hommes d'une inconduite notoire*, les *individus condamnés à une peine infamante*... et les *femmes!*

L'adultère du mari, perpétré en dehors du domicile conjugal, n'est pas punissable.

L'adultère de la femme, en quelque lieu qu'il ait été consommé, est punissable.

Le meurtre commis par l'époux sur l'épouse ainsi que sur le complice, à l'instant où il les surprend en flagrant délit dans la maison conjugale, est excusable.

Le meurtre commis par l'épouse, dans les mêmes circonstances, *n'est pas excusable.*

La femme ne peut être admise comme témoin dans les actes de l'état civil, les testaments, les baux, ventes, partages de famille ou autres actes publics ; — *sa signature ne fait pas foi!*

VOILA ce que dit la loi, — et une foule d'autres choses blessantes, que les femmes ignorent ou qu'elles n'apprennent que trop tard, lorsque le malheur lui-même s'est chargé de leur dessiller les yeux.

NOUS VOULONS :

Que la jeune fille, même *au-dessus* de quinze ans, soit garantie par la loi contre les surprises des coureurs d'aventures ;

Que la séduction soit punie ;

Que la corruption soit punie ;

Que la recherche de la paternité soit permise, comme est permise la recherche de la maternité ;

Que le père naturel soit *responsable ;*

Que l'enfant naturel soit à la charge de ses deux auteurs ;

Qu'une promesse de mariage ne soit pas considérée comme moins sérieuse qu'une promesse de vente, et qu'elle donne droit, en cas de rupture, à des réparations morales ou autres, proportionnellement au dommage causé;

Que l'autorité sur les enfants soit commune au père et à la mère;

Que le consentement de la mère soit aussi nécessaire, pour le mariage, que celui du père;

Que l'administration des biens personnels de la femme n'appartienne pas de droit et exclusivement au mari;

Que le mari ne puisse vendre, sans le consentement de sa femme, les meubles garnissant le ménage;

Qu'il ne puisse disposer librement et seul, soit à titre *gratuit*, soit même à titre *onéreux*, des valeurs ou effets mobiliers dépendant de la communauté ou appartenant à l'un des époux;

Que la femme puisse faire et recevoir des donations, sans le consentement du mari, en se conformant aux prescriptions de la loi;

Qu'elle cesse, en ce qui concerne les conseils de famille, d'être assimilée aux *mineurs*, aux *imbéciles* et aux *repris de justice*;

Que l'adultère du mari soit assimilé à l'adultère de la femme; c'est-à-dire que l'adultère perpétré par le mari, en dehors du domicile conjugal, soit aussi criminel que l'adultère accompli dans la maison commune;

Que le témoignage de la femme fasse foi dans les actes d'état civil et les actes publics, comme il fait foi devant les tribunaux criminels.

NOUS DEMANDONS EN OUTRE :

Au nom de la sainteté même du mariage,

Au nom de la pureté des mœurs,

Au nom de la morale,

Que le régime hypocrite de la séparation de corps, — qui rompt le mariage sans le dissoudre, sépare les époux sans les désunir et ouvre la porte à de honteux compromis, — soit remplacé par le divorce entouré de toutes les garanties légales jugées nécessaires.

Enfin, nous voulons :

Que toute femme pauvre puisse vivre honnêtement du produit de son travail, sans être obligée de recourir aux ressources immondes de la prostitution.

Le problème ainsi posé, il n'est pas un homme de cœur, pas une femme honnête, pas un chef de famille soucieux de sa dignité et de ses intérêts, de la dignité et des intérêts de ses enfants, qui refuse d'être avec nous.

Que tous ceux qui trouvent nos lois injustes à l'égard de la femme se groupent, se concertent, s'unissent pour demander, pour obtenir la révision de ces lois.

Et qu'on ne dise pas que l'heure est

inopportune ; c'est aux époques de réorganisation sociale et politique comme celle que nous traversons, qu'il est bon de songer aux réformes.

FIN.

TABLE

DES AUTEURS CITÉS (1)

(1) Les chiffres indiquent les pages.

ANONYMES.

FIN DE LA TABLE DES AUTEURS CITÉS.

Typ. de Rouge, Dunon et Fresné, r. du Four-St-Germ., 43

Typ. Rouge frères et Cie, rue du Four-Saint-Germain, 43.

www.ingramcontent.com/pod-product-compliance
Ingram Content Group UK Ltd.
Pitfield, Milton Keynes, MK11 3LW, UK
UKHW031844260826
14628UKWH00002B/583